学級ギアアップ

2学期からのクラスづくり

有松 浩司［著］

明治図書

はじめに

「スタートはよかったのに、2学期になってから子どもたちの落ち着きがなくなった」
「もうすぐ修学旅行があるのに、子どもが完全にお客様状態になってしまっている」
「卒業前の子どもたちが浮き足立ち、どう指導すればよいかわからない」

教師になって二十数年。まがりなりにもベテランの域に達してきた私ですが、最近若い先生方からこのような相談を受けることが多くなりました。その都度感じることは、やはりだれしも同じような悩みを抱えているのだということです。

若いころの私自身もそうでした。4月、張り切って学級をスタートさせたにもかかわらず、日々訪れる学校行事や子ども同士のトラブルによって、次第に足元を見失い、気がつくと、目の前には失望の目をした子どもたちの姿が…。教師として、若さや情熱はもちろん大きな武器になりますが、それだけでは一年間学級を維持させるのは難しいということを、これまでの教職生活の中で何度も痛感させられました。

こうした状況を回避するために必要なことは何か。それは、「波」を読み、必要な対策と工夫を講じ、その都度学級をギアアップさせていくことに他なりません。本書で詳しく解説していますが、学級には様々な波があります。よい波と悪い波、おだやかな波と激しい波…。これらの波を読み、事前にしっかりと準備を行うことで、間違いなく、クラスをよりよい方向に進めていくことができます。

本書の前身となる『学級システム大全』（明治図書）では、4月の学級づくりに特化して、具体的な方法をお示ししました。続編となる本書では、一年間の学級づくり、とりわけ2学期以降の学級づくりの具体的な方法についてお示しします。月ごとにポイントを整理しましたので、一年間の学級経営で困り感を抱かれている先生方のお役に立てれば幸いです。

さあ、本書を通して一年間を見通した学級づくりの方法を学び、早速2学期からの学級経営に生かしていきましょう。そして、「一年間このクラスでよかった」と子どもたちが思えるような、笑顔あふれる学級を共につくっていきましょう！

有松浩司

2023年7月

もくじ
Contents

序章　主体的な子どもを育て、自治的な風土をつくる2学期からのクラスづくり

どんなクラスにも、よい波と悪い波が必ず訪れる

一年間安定した学級経営を行いたい。

日々の授業や学校行事に全力で取り組む子どもたちを育てたい。

一年の最後に「このクラスでよかった！」と子どもが思うような学級づくりをしたい。

これらは、全国のほとんどの先生方が共通して抱かれている願いではないでしょうか。

しかし、現実はそう甘くありません。実際に、最近若い先生方から、

「スタートはよかったのに、２学期ごろから急にクラスの落ち着きがなくなってきた」

「行事で子どもたちをうまく乗せることができず、信頼を失ってしまった」

「卒業前に子どもたちが浮き足立っている。どうすればよいかわからない」

といった相談を受けることが多くなりました。

一般的に学校教育の世界では、学級開きから最初の数日間がとにかく大切だと言われています。最初の数日間で様々な学級システムを構築し、学級のルールを徹底し、教師と子どもたちとの信頼関係を築く。そうすれば、一年間学級を崩すことなく、安定した学級経営を行えるというのが、学校教育における1つの基本的な考え方です。

本書の前身となる拙著『学級システム大全』（明治図書）では、学級開きや係の仕事、当番活動、朝の会や帰りの会、授業準備や宿題といった学級及び学習のシステムをお示ししましたが、4月のシステムづくりが大切という点では、基本的に考え方は同じです。しかし、注意しなければならないのは、最初にシステムさえ整えれば、その後は何もしなくても一年間がすべてうまくいく、というわけではないことです。なぜなら、**どんな学級にも、必ずといってよいほど、一年間のうちには様々な「波」が訪れるから**です。

この波は大きく分けて2種類あります。

1つはよい波。この波は、クラス全体が何か目標に向かって、勢いをもって突き進んでいく時期に多く訪れます。もう1つは悪い波。クラスが落ち着かなくなる、問題行動が増える、人間関係のトラブルが増える…などですが、私の経験上、**悪い波は長期休業明けや大きな行事が終わった後などに多く訪れます。**

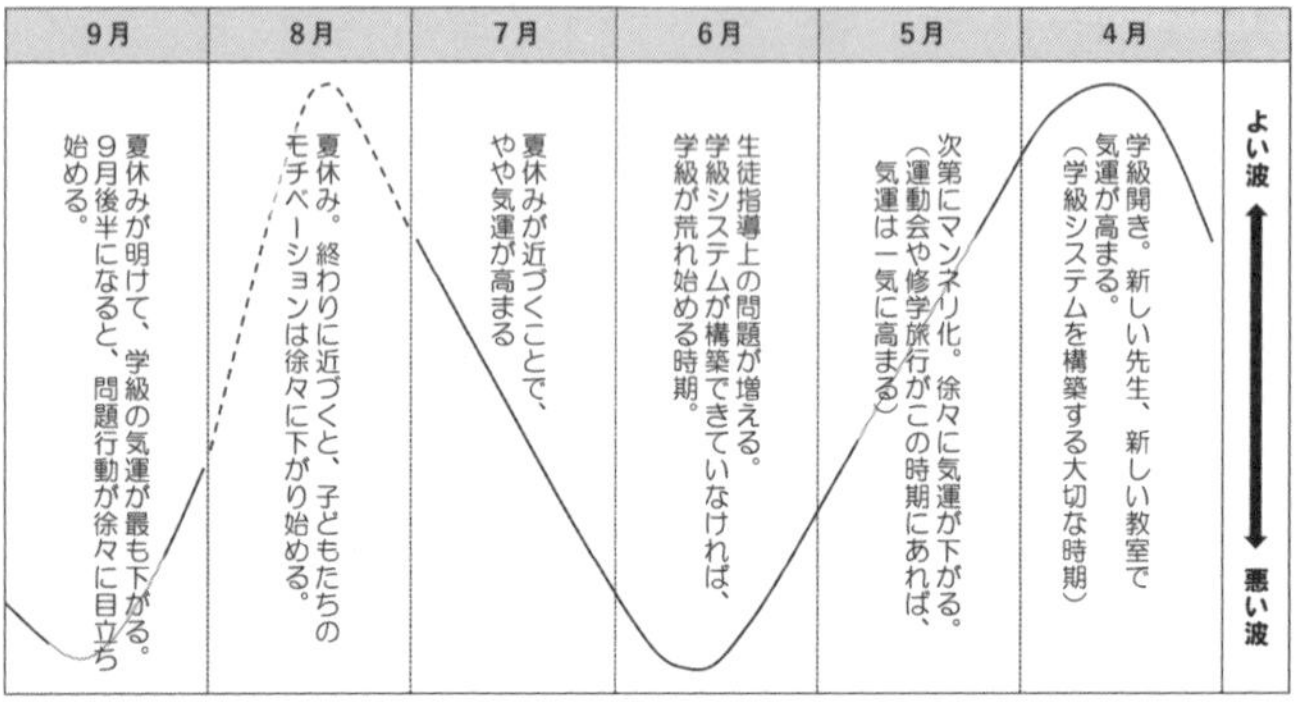
よい波
悪い波
4月
学級開き。新しい先生、新しい教室で気運が高まる。
（学級システムを構築する大切な時期）
5月
次第にマンネリ化。徐々に気運が下がる。
（運動会や修学旅行がこの時期にあれば、気運は一気に高まる）
6月
生徒指導上の問題が増える。
学級システムが構築できていなければ、学級が荒れ始める時期。
7月
夏休みが近づくことで、やや気運が高まる
8月
夏休み。終わりに近づくと、子どもたちのモチベーションは徐々に下がり始める。
9月
夏休みが明けて、学級の気運が最も下がる。9月後半になると、問題行動が徐々に目立ち始める。

上に示した図は、これまでの私の経験から、学級の一年間の波をイメージ化したものです。

4月は新しい先生、新しい教室ということもあり、概ねどの子も張り切った様子が見られます。昨年度まで不登校気味だった子が、最初の数日間はがんばって登校するなど、その傾向は顕著に見て取れます。4月に学級のシステムが構築できなければ、早ければ1学期中にクラスが崩れ始めることもありますが、ある程度のシステム、ある程度の教師と子どもの信頼関係が構築できていれば、ほとんどの場合、最初の勢いに乗って、1学期はなんとか乗り切ることができるでしょう。

しかし、夏休みが明けた9月、もしくは大きな行事が終わった10月や11月になると、子どもたちの中に、中だるみやマンネリ感といった空気が生まれます。学級が荒れ始めるのもこの時期です。荒れるほどではなくとも、子ども同

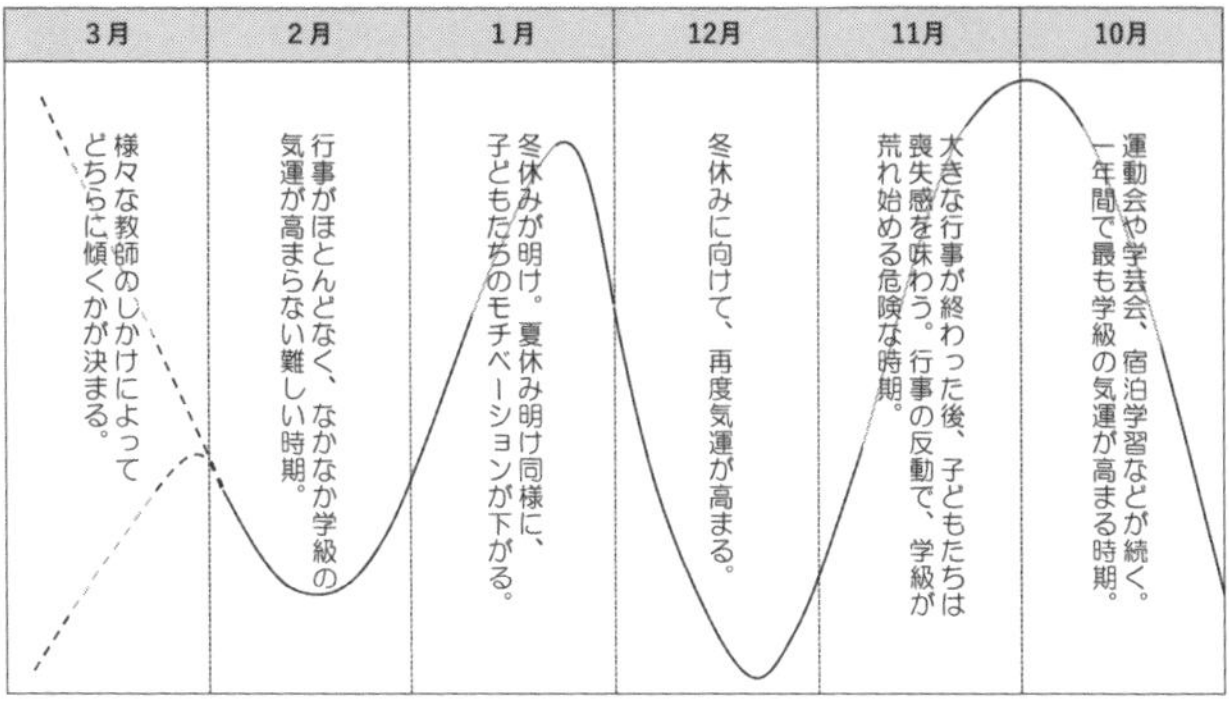
10月
運動会や学芸会、宿泊学習などが続く。一年間で最も学級の気運が高まる時期。
11月
大きな行事が終わった後、子どもたちは喪失感を味わう。行事の反動で、学級が荒れ始める危険な時期。
12月
冬休みに向けて、再度気運が高まる。
1月
冬休みが明け。夏休み明け同様に、子どもたちのモチベーションが下がる。
2月
行事がほとんどなく、なかなか学級の気運が高まらない難しい時期。
3月
様々な教師のしかけによってどちらに傾くかが決まる。

士のトラブルや問題行動が頻発するのも、この時期の特徴と言えるでしょう。

3学期は、比較的行事が少ないため、子どものモチベーションを上げるのが最も難しい時期と言えるかもしれません。特に難しいのが高学年です。5・6年生を担任されたことがある先生方は、そのときの様子を思い出してください。もうすぐ最高学年になるというのに、5年生がいま一つ自覚をもって行動してくれない。卒業前の6年生の子どもたちが浮き足立ち、何をやっても集中力に欠けている。このような状況を、一度や二度、目の当たりにされたことがあるのではないでしょうか。

では、どうすればこのような状況を回避し、一年間安定した学級経営を行うことができるのでしょうか。それは、**波を読み、様々な対策や工夫を施し、学級をギアアップさせる**ことに他なりません。

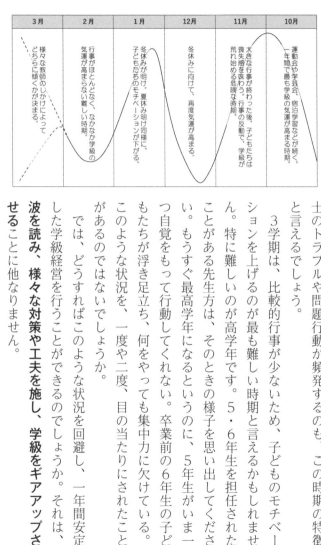

波を読み、様々な対策や工夫を施し、学級をギアアップさせる

「波を読む」というと、サーファーや漁師の仕事を思い浮かべた方が多いかもしれません。どちらも私には経験がないのですが、やがて訪れる波を予測し、それに備えて準備を行うという点では、教師の仕事も、これらの分野に非常によく似ているのではないかと思います。

私は、教師という仕事は、この波を読む力が非常に大切だと考えています。例えば、「夏休み明けにきっと悪い波が来る。だから、こういう対策や工夫が必要だ」という考え方です。そうすれば、悪い波に飲み込まれることなく、学級をよい波に乗せ、ギアアップさせることができます。

また、ここで強く述べたいのが、よい波の時期も、悪い波の時期も、もっと言えば、**波のない穏やかな時期であっても、しかるべく対策や工夫をしておくことが大切**だということです。

一例をあげると、運動会や学芸会などの大きな学校行事。子どもたちも楽しみにしている行事ですから、ここで教師が子どもたちをうまく乗せることができず、失望感を与えて

しまうようなことがあると、波は大きく悪い方に傾きます。それゆえ、「ただの行事」と楽観視せず、子どもたちが活躍できるように、様々な工夫を施すことが教師には求められます。また、たとえ子どもたちが運動会や学芸会を成功させるために一生懸命で、一見するとよい波に乗っているように思えたとしても、練習後の教室の授業に集中できていなかったり、時間を守るなどのルールが曖昧になっていたりすれば、行事が終わると同時に授業が成立しなくなるなど、必ず悪い波が訪れます。

一般的には、4月の学級経営が最も大切だと言われていますが、私は自身の経験から、4月以降、もっと言えば、2学期以降の学級経営が何より大切だと考えています。なぜなら、**本格的な波が訪れるのは、多くが2学期以降だから**です。先述のように、1学期は学級の友だちや担任が新しく変わることから、自然と緊張感があり、あまり大きく学級が崩れることはありません。しかし、2学期以降になると、行事も増え、よい波や悪い波が頻繁に訪れるようになります。

どのような対策や工夫を行うべきかについては第1章以降で詳しく解説しますが、いずれにしても、その時期その時期で教師が的確に波を読み、対策と工夫を講じ、よりよい方向に向かわせる。これこそが安定した学級をつくる最大のポイントと言えます。

1学期は、何よりシステムの構築に力を注ぐ

各月の具体的な対策と工夫について触れる前に、一年間の学級経営における基本的な考え方をここで説明しておきます。

私は学級経営において、**「守・破・離」の考え方**を基本としています。まずは型を丁寧に教え、身につけさせる。その型を少しずつよい方向に改善しようとする子を見つけ、ほめて伸ばす。最後は、教師の手を借りることなく、自分の力で思い切って挑戦させてみる。このような方針です。

1学期、特に4月は「守」に重きを置きます。つまり、学級のシステムを構築することに全力を注ぐということです。

例えば、給食当番や掃除当番。どのような段取りで仕事を行うのかを丁寧に指導し、全員が一定のレベルで仕事ができるようにします。授業前の準備や授業中のルールもこの時期に徹底して指導を行います。学級会の話し合い活動も、話し合いの進め方のマニュアルを示し、そのマニュアルに沿って司会の子に進行させています。このあたりの詳細は、拙著『学級システム大全』で詳しく解説していますので、参照してください。

2学期は、日々の生活や行事で子どもたちのアレンジ力を磨く

1学期が「守」であれば、2学期は「破」に重きを置く時期と言ってよいでしょう。まず、日々の生活においては、係や当番の仕事に、アレンジを加えることを大いに奨励します。例えば、掃除当番であれば、これまで行ってきた内容にプラスαで仕事を考えさせ、取り組ませるようにしています。1学期から徹底して掃除の指導を行っていれば、当然個々の掃除の仕事の質や量も向上し、時間を持て余すようになります。そこで、自分の持ち場の掃除が終わった後、何をするかを子ども自身に考えさせます。仕事の進め方そのものを「もっとこうした方が効率がよいのでは」という観点で見直させ、方法を改善させることも考えられます。

また、地域にもよると思いますが、2学期は運動会や学芸会、野外活動や修学旅行などの学校行事が集中する時期でもあります。特別な行事であるため、多少は教師が主導することは避けられないとは思いますが、可能な限り、子どもたちが活躍する場を設け、工夫したりアレンジしたりする力を高めることが大切です。このあたりは、第2章以降で詳しく解説していますので、参照してください。

3学期は、進級・進学を意識してより自治的な取組を奨励する

3学期は「破」を重視します。1学期に基本を身につけ、2学期にそれらをアレンジする。こうした経験を重ねてきた子どもたちは、少なからず、自分で考えて行動することができるようになってきているはずです。そこでこの時期は、可能な限り、教師の手を借りることなく、自分の力で思い切って挑戦させる場を多く設けるようにします。

係や当番の仕事で自由にチャレンジさせてみるのもよいでしょう。また、クラスのイベントや6年生を送る会などで、子ども自身にアイデアを練らせ、取り組ませてみるのもおすすめです。失敗を恐れず、思い切って挑戦させてみる。そうすれば、一人ひとりが自信をもって、次の学年、6年生であれば中学に向かうことができるのではないでしょうか。

ここまで、学級経営において、4月のみならず、2学期以降の取組が大切であること、そして「守・破・離」を意識し、年間を見通した学級経営を行うことが大切であることについて述べてきました。

次章より、いよいよ各月の具体的な取組内容について解説していきます。

1章

9月

全員が安心して
リスタートを
切れるようにする

❸初日から子どもをほめてほめてほめまくる

２学期の初日は、どうしても子どもたちのテンションが下がりがちです。これを打破するのは、やはり教師の声かけです。給食当番、掃除、授業…、意識的に子どもたちをどんどんほめていくようにします。１学期にできていたことでも、さすがに40日も休めば多少は忘れてしまうものです。間違っても、「初日が肝心だから、子どもたちをきつく叱って締めつけよう」などとは思わず、できたことをしっかりと評価し、「学校ってやっぱり楽しい」と思えるような雰囲気づくりに努めましょう。

❹下校前の教師の温かい言葉で一日を締めくくる

２学期初日の帰りの会での先生の話。ここで何を語るかが、２学期以降を大きく左右します。実は先生自身も今日の朝は眠くて仕方がなかったこと、でも久しぶりにクラスの子に会えて元気が出たこと、これからの学校生活が楽しみなことなど、子どもたちが自然と笑顔になるようなことをたくさん語ってあげましょう。きっとまた翌日も学校に来るのが楽しみになるはずです。

1

２学期開き

ポイント

❶夏休みの思い出を楽しく交流する

長い夏休みが終わり、いよいよ２学期のスタートです。張り切って登校する子もいれば、休み明けということでテンションが下がり気味の子もいます。大切なのは、とにかく教師が一番元気であること。「おはよう！」「元気だった？」と明るく声をかけましょう。

始業式が終わった後は、１時間ゆっくり時間をかけて、夏休みの思い出を交流する時間を設けましょう。もちろん教師自身の思い出話も忘れずに。クイズや冗談を交えながら、笑顔のあふれる時間を目指しましょう。

❷夏休みの作品のプチ展覧会を実施する

絵画、工作、科学研究…、子どもたちががんばって取り組んだ夏休みの課題です。せっかくですから、自由に作品を鑑賞し合う時間を設けましょう。感想をひと言で付箋に書き、互いに交流することで、一人ひとりに達成感を味わわせることができます。

夏休みの思い出を楽しく交流する

1人ずつ夏休みの思い出を語らせる

長い夏休みが終わり、いよいよ2学期のスタートです。正直なところ、教師自身も「また多忙な毎日が始まるのか…」とため息をつきたくなるところでしょう。当然子どもたちも同じ思いで学校にやってきます。そんな子どもたちを元気づけるのは、やはり教師の明るい笑顔しかありません。「おはよう！」「元気だった？」「日焼けしたね～。海に行ったの？」と、朝からテンションを上げ、どんどん子どもたちに話しかけていきましょう。

さて、始業式が終わった後は何をするか。新しいドリルを配ったり、夏休みの宿題を回収したりと、もちろんやるべきことはたくさんありますが、やはり**ここは思い切って1時間確保し、自由に夏休みの思い出を語り合う場を設けましょう。**

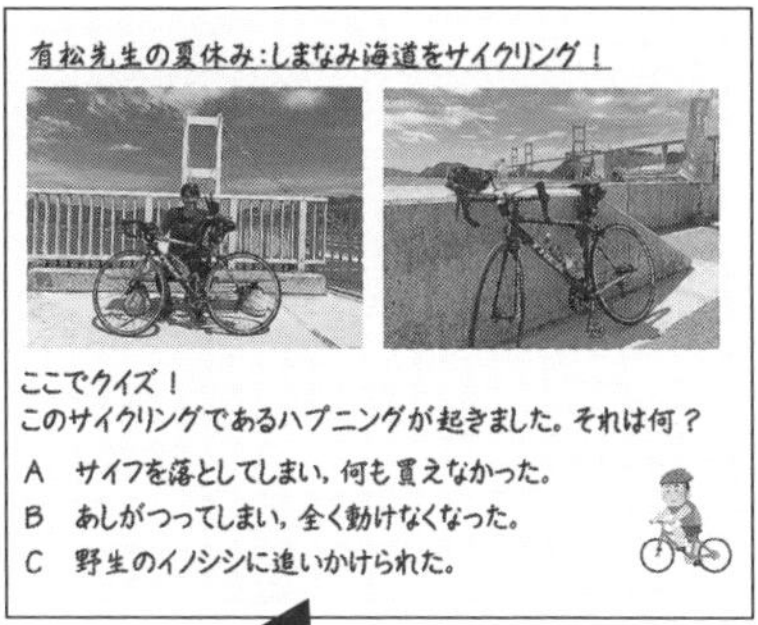
有松先生の夏休み：しまなみ海道をサイクリング！
ここでクイズ！
このサイクリングであるハプニングが起きました。それは何？
A　サイフを落としてしまい，何も買えなかった。
B　あしがつってしまい，全く動けなくなった。
C　野生のイノシシに追いかけられた。

このようなスライドを示しながら、笑える失敗談を交えてお話しするのがおすすめです。

お話し上手なクラスなら、すぐに１人ずつ話をさせてもよいですが、そうでなければ、まずは先生自身が夏休みの思い出を語るようにします。家族で行った旅行の話、趣味（魚釣りやサイクリングなど）の話、おもしろかった映画の話など、何でもよいと思います。可能であれば、電子黒板やスクリーンで写真を映したり、冗談やクイズを交えたりします。教師の夏休みの失敗談なども、包み隠さず、どんどん話すようにしましょう。

続いて、「ではみんなも夏休みの思い出、どんなことでもよいので、１人ずつ紹介してください」と展開します。ある子が「花火大会に行きました」と語れば、すかさず「花火大会行った人？」と話題を広げ、またある子が「毎日退屈でした」と語れば、「毎日退屈だった人？　うん、実は先生も」というように、**常に全体に広げることを心がけます。**このような流れで、一人ひとりに夏休みの思い出を語らせていきます。話が終わるたびに、大きな拍手も忘れずに。早速たくさんの笑顔が見られるでしょう。

夏休みの作品のプチ展覧会を実施する

お互いのがんばりを認め合う場を設ける

絵画や工作、作文、科学研究…、子どもたちは夏休み中にいろいろな作品応募に取り組んできたはずです。こうした応募作品は、締切が近いため、すぐに確認して応募、ということが多いですが、せっかくがんばって取り組んだ作品です。ぜひとも展覧会を実施して、お互いに鑑賞し合う場を設けましょう。

方法は簡単です。「これから展覧会を行います。自分の机の上に、取り組んだ作品を見栄えよく並べてください。机だけでなく、いすを使ってもかまいません。絵画などは、黒板に磁石で貼ってもいいです。後ろのロッカーの上も自由に使ってください。そのときはネームプレートを添えるのを忘れずにね」と指示し、作品を並べる時間を設けます。

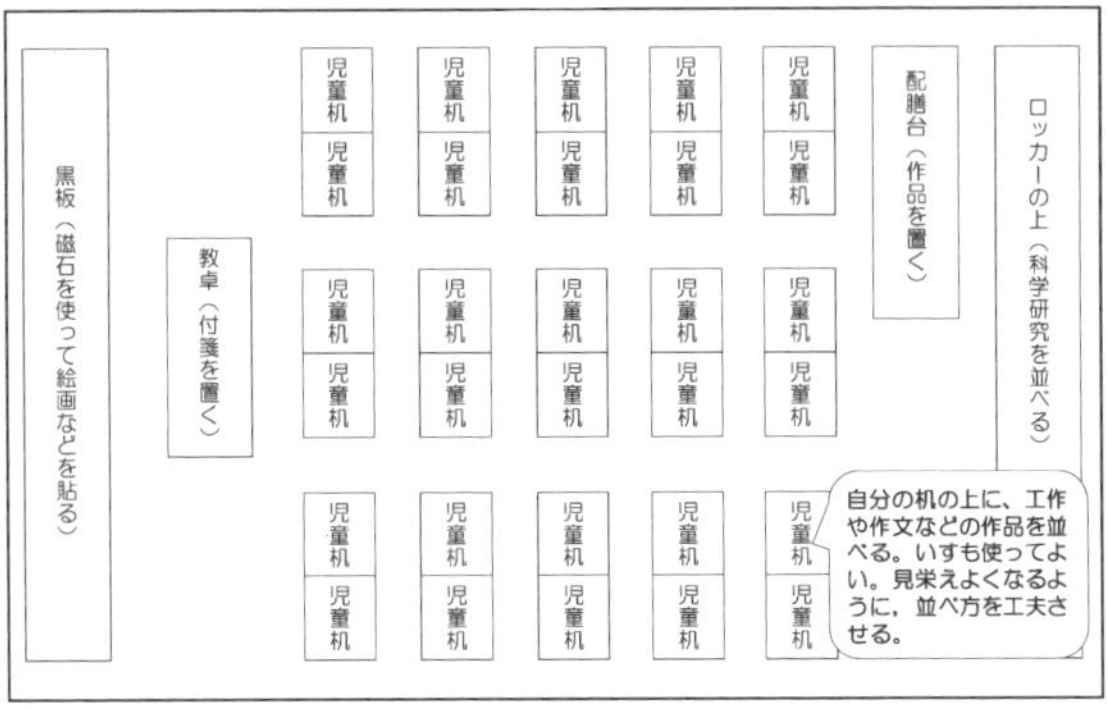

作品を並べ終わったら、全員に付箋を数枚渡し、「せっかくなので、付箋に感想を書いて、作品の横にペタッと貼ってください。付箋にはよいことだけを書くこと。最後は自分の名前を書くこと。それでは始めましょう」と展開します。子どもたちは、うれしそうにお互いの作品を鑑賞し合います。もちろん教師も一緒に作品を鑑賞して回り、積極的に感想を書きます。何日もかけたような大作もあれば、夏休み最終日に慌てて取り組んだような作品ももちろんありますが、どんな作品でも子どもたちが一生懸命取り組んだことには変わりありません。「ポスターの色づかいが最高！」「こんな科学研究見たことない！　おもしろい！」「読書感想文、本の内容がよくわかる！」など、**どんどん肯定的評価を行います。**

この展覧会は、8月の登校日を利用して、事前に予告しておくことをおすすめします。2学期の初日になんとか間に合わせようと努力する子どもたちの姿が見られるでしょう。

初日から子どもをほめてほめてほめまくる

初日からガミガミ叱らず、できたことをしっかりほめる

「あいさつの声が小さい！」「なんで宿題忘れたんだ！」「話を聞く姿勢が悪い！」

何事も初日が肝心と思い、子どもたちをきつく叱って締めつける。若かりしころの私自身が起こした大きな失敗の1つです。子どもたちの立場で考えると、なぜそれがよくないのか、すぐにわかります。長い夏休みが終わり、しんどい体にムチ打って学校に来たにもかかわらず、先生から大きな声で叱られる。そんな一日を過ごして、「さあ、次の日もがんばろう！」と思えるでしょうか。

内容によっては指導しなければならないこともありますが、初日からきつく叱るのは逆効果です。むしろ反対に、子どもたちをどんどんほめるようにしましょう。

「給食当番、初日からよく動いてくれるね。ありがとう」「掃除、すごくがんばってくれるね。夏休みの間に溜まったほこりがすっかりきれいになったよ」「すごいなあ。初日からこんなに手があがるなんて、最高のクラスだよ」といった声かけです。**約40日も休んだのですから、1学期の後半と比べてできなくなっていることがあって当然**です。多少は目をつぶって、少しでもできたことをほめるようにしましょう。そうすれば、数日以内には、学級は元の状態に戻るはずです。

なお、夏休みの宿題が未提出の子への対応についても触れておきます。8月後半の登校日を締切とし、提出できていない子は、学校に呼ぶなり、保護者に協力を求めるなりして、事前に手を打っておくのがベストでしょう。ただし、私の経験上、それでも宿題ができていない子は、どうしても一定数いるものです。それでも初日から叱責することは避け、少しでもできたものがあれば、「よくがんばったね」とほめてあげるようにします。そのうえで、9月の前半は通常の宿題を少なめにして、保護者の協力を得ながら、その期間で終えることができるように支援を行います。甘いように思われるかもしれませんが、**一番大切なのは、翌日も元気に学校に来られること**です。感情的にならず、初日は極力笑顔で接するようにしたいものです。

下校前の教師の温かい言葉で一日を締めくくる

よくほめ、笑顔を絶やさない

夏休みが明けた初日の下校時。おそらく教師自身も、子どもたちも「ようやく終わった…」という疲労感に見舞われているのではないでしょうか。大切なのは、ここでしっかりと子どもたちをほめて、明日からもがんばって登校しようという思いをもたせることだと考えます。

帰りの会の先生の話では、次のようなことをぜひ話してあげましょう。

「先生はね、正直言うと、昨日の夜は『あ～、夏休みが終わって忙しくなる…』という思いですごく憂鬱だったんです。もしかすると、みんなも同じかな。でもね、今日一日みんなと過ごして、やっぱり学校っていいな、みんなといると本当に楽しいなと思えました。

2学期最初の国語の授業も盛り上がったし、休み時間に一緒にしたドッジボールもすごく楽しかった。給食当番や掃除当番では、40日も休んだことを感じさせないくらい、みんなよく働いてくれたね。2学期はこれから長いけど、運動会や学芸会など、楽しみな行事もたくさんあります。新しく勉強することもあるし、楽しみな休み時間もあります。また1学期みたいに、みんなで楽しい毎日を過ごしましょうね」

下手に子どもたちを締めつけにかかるよりも、ずっと教育的効果は高いと思われます。さようならをした後も、できれば玄関まで子どもたちを見送ってあげましょう。一人ひとりに笑顔で声をかければ、子どもたちは一層「やっぱり学校っていいな」「明日からも元気にがんばろう」と思えることでしょう。

なお、前項でも触れましたが、**夏休み明けの1週間ぐらいは、宿題はやや少なめにするのがおすすめ**です。子どもたちにとっては、ゆっくりギアを上げるよい期間になりますし、教師にとっても、夏休みの宿題の採点や応募作品をじっくり整理する貴重な時間になります。

何事も焦らず、無理をせず。双方にとって、ゆとりのあるスタートを切りたいものです。

❸子どもたちの声に耳を傾ける

生活の乱れ、子どもたちの人間関係の悪化などは、教師の目にはっきりと映る場合もありますが、なかなか担任1人では把握できない部分もあります。子どもたちとの会話や個別の面談、毎日の日記などを通して、子どもたちの声にしっかりと耳を傾け、些細な変化も見逃さないようにしましょう。

❹1つの事案について全員で話し合う場を設ける

トイレのスリッパがそろっていない、廊下を走る人が増えてきた…といった生活の乱れ、また友だちへの悪口、集団による無視やいじめ…といった学級の人間関係の悪化などの問題行動が起きた場合、個別に対応する方法もありますが、極力全員で話し合いの場をもつことをおすすめします。1人の問題を自分事として全員で考えていく。この積み重ねが、学級をよりよく維持していくうえでは必要不可欠だと考えます。

❺改善すべきポイントはしばらく教室内に掲示する

話し合いを通して改善策を全員で共有したら、それを文字として起こし、教室内に掲示しておきます。もちろん、改善されたと判断したときは、掲示を外すことも忘れずに。掲示を外すときは、改善されたことをしっかりとほめ、子どもたちが成長を自覚できるようにしましょう。

2
9月の学級づくり

ポイント

❶係や当番の仕事をアレンジさせる

1学期で「守」を徹底させたなら、2学期は「破」を奨励していきましょう。係や当番の仕事は、どんどん子どもたちにアレンジさせます。すでにある係を統合したり、新しい係を新設したりすることも大いに認めていきましょう。全体の場でアイデアを出させてから、係や当番を決めていくことが大切です。

❷ルールを再確認する

経験上、9月は最も学級が崩れやすい時期だと言えます。1学期にできていたことができなくなる、1学期は守れていたルールが曖昧になってしまう…など、「夏休みが、こんなにも子どもたちに影響を及ぼすものか」と、いつも深く考えさせられます。ここでは、「これまでできていたことだから…」という甘い考えは捨てて、再度学校や学級のルールを確認する場を設けましょう。スライドをつくって、視覚的に示すのがポイントです。

係や当番の仕事をアレンジさせる

アレンジの仕方について全員でアイデアを出し合う

2学期がスタートすると、多くの学級で、係や当番の仕事分担を行う流れになると思います。おそらく1学期の係、当番をベースにして考えていく流れになると思いますが、ここで大切なポイントがあります。それは、**子どもたちのアイデアで仕事内容をどんどんアレンジさせていく**ということです。

まずは、1学期にどのような係や当番があり、どんな仕事を行っていたかを確認することから始めましょう。1学期にその係や当番を務めた子に、仕事内容や大変だったことなどを発言させます。そのうえで、「1学期の係（当番）の仕事をバージョンアップさせたいと思います。何かアイデアがある人は発言してください」と促します。

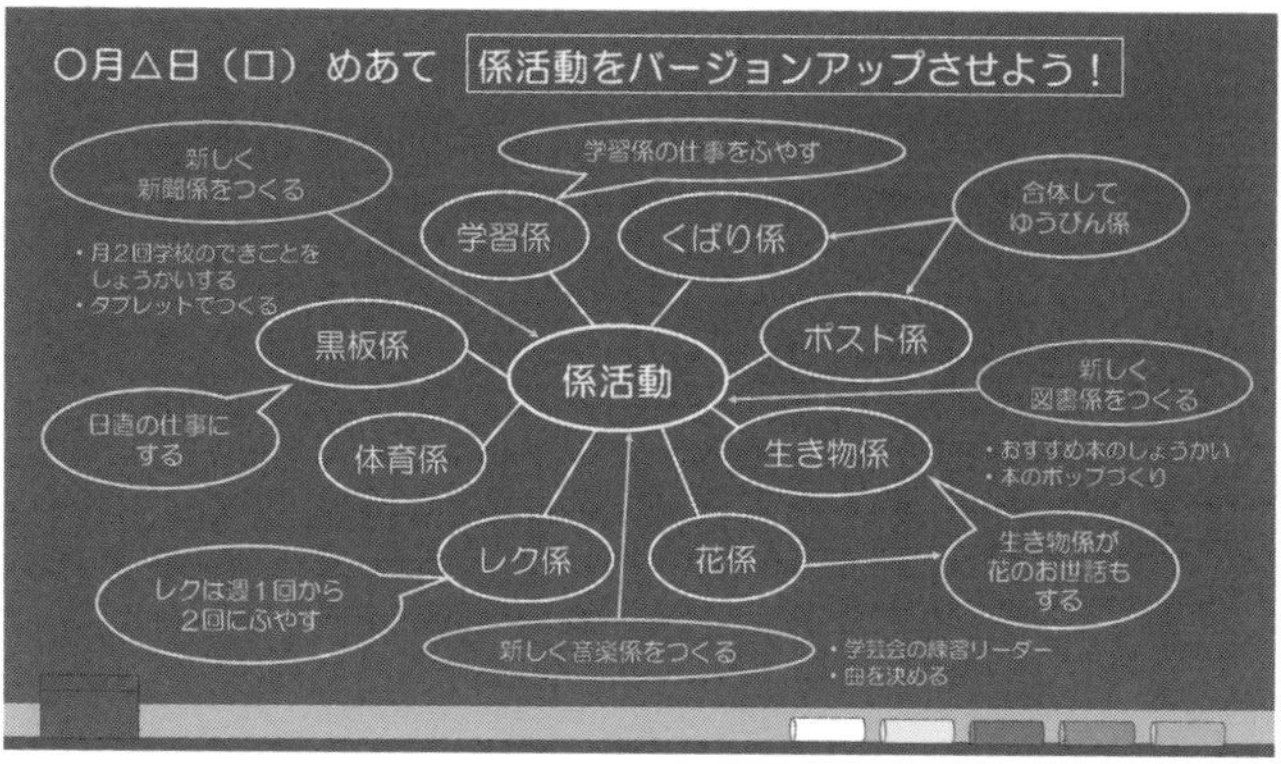
○月△日（□）めあて
係活動をバージョンアップさせよう！
係活動
学習係
くばり係
ポスト係
黒板係
体育係
生き物係
レク係
花係
学習係の仕事をふやす
新しく
新聞係をつくる
・月2回学校のできごとを
しょうかいする
・タブレットでつくる
合体して
ゆうびん係
新しく
図書係をつくる
・おすすめ本のしょうかい
・本のポップづくり
日直の仕事に
する
生き物係が
花のお世話も
する
レクは週1回から
2回にふやす
新しく音楽係をつくる
・学芸会の練習リーダー
・曲を決める

「1学期は『生き物係』と『花係』が別々にあったけど、一緒にしてもよいと思います」

「レク係の企画する昼休みレクは、これまで週に1回だけだったけど、2回に増やしましょう」

「新聞係を新しくつくって、クラスや学校の話題を紹介すればよいと思います」

「2学期は学芸会で合唱があるから、新しく音楽係をつくり、係を中心に練習すればよいと思います」

上の板書例に示したように、こうした子どもたちの声をどんどん板書していきます。場合によっては、新しい係（当番）をつくることも奨励します。係（当番）が決まったら、だれがどの仕事を担当するかを決定します。2学期は、このように**すでにあるものを基に、子ども自身にアレンジさせる経験を積ませることが大切**です。

ルールを再確認する

夏休み明け3日以内にルールを再確認する場を設ける

経験上、9月は最も学級が崩れやすい時期だと考えています。トイレのスリッパがそろわない、廊下を走る子が日増しに多くなる、授業開始時に席に着いていない、服装が乱れる…など、1学期には当たり前にできていたことが、なぜかこの時期になるとできなくなってしまうのです。もちろん、長い夏休みが多少なりとも影響していると思いますが、ここで担任が指導を緩めたり、見て見ぬふりをしたりすれば、たちまち10月、11月で学級が崩れていきます。そうならないためにも、「これまでできていたのだから…」という甘い考えを捨てて、4月の学級開きと同様に、学校や学級のルールを再確認する場を設けましょう。少なくとも、次の点については、必ず確認するようにしましょう。

○時間を守る（授業開始時は席に着く、掃除時間の開始を守るなど）
○安全に気をつける（廊下や階段の右側を歩く、落ち着いて行動するなど）
○みんなのものを大切にする（トイレのスリッパを整える、ボールを片づけるなど）
○服装を正す（身なりを整える）
○整理整頓する（ロッカーや机の中を整頓する、下駄箱の靴をそろえるなど）
○人を大切にする（言葉づかいを正す、思いやりのある行動を心がけるなど）

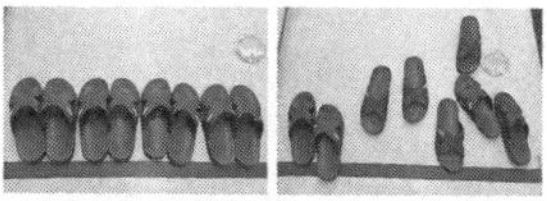

トイレのスリッパ。どちらが正しい？
どうしてスリッパをきちんとそろえることが大切なのかな？
グループで話し合ってみよう！

生活のきまり（生徒指導規程）を読み合わせてもよいですし、上に示したようなスライドを作成して、視覚的に示すのも効果的です。学級開きに作成したものがあれば、それを再度使って同じ説明をしてもよいと思います。**一方的に教師が話すのではなく、「なぜ守らなければいけなかったのかな？」と、子どもたちに問いかける**ことを心がけましょう。2学期はじめにこの時間を設けるだけでも、9月以降に多く現れる問題行動を未然に防ぐことができます。

子どもたちの声に耳を傾ける

子どもたちが何かを訴えてきた機会を逃さない

「先生、トイレのスリッパがぐちゃぐちゃでした」

「先生がいないときに、男子が教室で暴れ回っています」

「○○くんが、私のことをあだ名でからかってきました」

「○○さんが、勉強に関係ないものを学校に持って来ていました」

9月に限ったことではありませんが、日々子どもたちと生活を共にしていると、こうした訴えを耳にすることがあると思います。学級が崩れ始める際は、何かしらこうしたサインがあるものです。そしてそのサインは、教師自身の目に映る場合もありますが、子どもたちの声を通して現れることの方が圧倒的に多いと私は思っています。

この時期に大切なのは、こうした子どもたちの声にしっかりと耳を傾けることです。

直接担任に訴えてきた子がいた場合は、「ありがとう。勇気を出してよく言ってくれたね。みんなで話し合ってみようね」と笑顔で返します。万が一ここで、「先生に頼らず、自分で注意してください」「そんなこと先生に言われても困る」といった冷たい対応をとると、もう二度とその子は教師に相談することがなくなるでしょう。もちろんそれが事実かどうかはその後きちんと確かめる必要がありますが、ここでは**教師に話してくれた、相談してくれたことをしっかりと受け止め、ほめて返すようにします。**

また、私の学級では毎日日記を宿題にしていますが、日記の中でこうした相談を持ちかけられることもあります。つい先日も、「クラスの何人かが集まって、私の方を見てクスクス笑っていました。何も思い当たることがないのですが、どうすればいいですか」という相談を受けたばかりです。私はその日記に対し、「勇気を出して相談してくれてありがとう。だれだってそんなことされたら嫌な気持ちになるよね。先生に任せてください。なんとかします。安心していいからね」とコメントしました。

子どもたちからこうした声が上がることは、学級を立て直す、またよりよい学級を維持するうえで大きなチャンスです。どのように対応するかは次項で説明します。

1つの事案について全員で話し合う場を設ける

自分事として考えることで個が育つ

前項までにあげた様々な問題行動、生活の乱れが顕著になった際、先生方は、どのような方法で子どもたちに指導しておられるでしょうか。

例えば、2学期になってトイレのスリッパがそろわなくなったとします。その際、その場ですぐに注意をする、朝の会や帰りの会の先生の話で一方的に注意を促す…といった指導が、まったく効果がないとは言いません。しかし、問題行動→注意→問題行動→注意…の繰り返しでは、いたちごっこになってしまい、大きな改善は見込めないと思います。何より、先生の叱責があまり頻繁に続くと、教室の雰囲気どころか、教師と子どもたちとの人間関係も悪くなり、一層学級が崩れていくことが危惧されます。

このような場合おすすめなのが、1つの事案に対して全員で話し合う場を設けるという方法です。例えば、以下のようなやりとりです。

〈教　師〉最近トイレのスリッパがそろっていないことが多いです。(可能であれば写真を提示する）このことについてどう思うか、近くの席の人と1分間話し合ってみてください。
〈児　童〉(ペアやグループで話し合う)
〈教　師〉では、1人ずつ席順で発表してください。
〈児童A〉いけないことだと思いました。次に使う人が嫌な気持ちになるからです。
〈児童B〉ぼくは最近きちんとそろえていないので気をつけようと思いました。
…
〈教　師〉そうですね。みんなの言うとおりだと思います。1学期にできていたのだから、みんなならきっとできる。お互いに気をつけましょう。

ポイントは、**子ども自身に考えさせ、かつ全員に発言させる**ことです。当然時間はかかりますが、自分事として考えさせるうえでとても大切なことだと考えます。

個々の問題も全員で話し合う

9月というのは、子ども同士のトラブルも多く見られる時期です。悪口、無視、ひどくなるといじめ。こうしたトラブルの際は、当人同士を個別に別室に呼んで指導することがほとんどですが、可能であれば、全員で話し合う場をもつ方が、得られる教育的効果は高いと考えます。

ひと口に全員で話し合うといっても、その方法はケースによって異なります。悪口や暴力のように問題行動を起こした子が明らかな場合と、無視のようにはっきりしない場合に分けて説明します。

①問題行動を起こした子が明らかな場合

みんなの前で起きたけんかや一方的な悪口など、問題行動を起こした子や内容が明らかな場合は、まず状況を確認し、その後クラス全体で、まわりの子→当事者（けんかをした子、悪口を言った子）という順で、一人ひとりに自分の考えを述べさせる方法が有効です。

例えば、最近私のクラスで実際にあった例を基に説明します。

〈教　師〉クラスの男子が、Aさんをあだ名で呼んでからかっていたという話を聞きました。このことについて何か知っている人は言ってください。

〈児童B〉休み時間になると、男子がAさんの傷つくことを言っていました。

〈児童C〉男子全員ではないけど、何人かの人がからかっていました。

〈教　師〉なるほど。自分だという心当たりがある人は立ってください。（数名立つ）それは本当ですか？（事実かどうかを確認）事実なのですね。ではまずまわりのみんなに聞きます。この人たちがしていたことについてどう思うか、近くの席の人と1分話し合ってください。

〈児　童〉（ペアやグループで話し合う）

〈教　師〉では、1人ずつ席順で発表してください。

〈児童D〉男子はおもしろがっていたけど、Aさんがかわいそうだと思いました。

〈児童E〉注意できなかった自分も悪いと思うけど、やはり人のことを傷つけるのはいけないことだと思います。

…

〈教　師〉今、悪口を言った人以外の全員に発表してもらいましたが、みんながこの人たちのしたことはよくないということでした。Aさん、辛かったと思うけど、他のみんなはAさんの味方だから安心してくださいね。では、最後に悪口を言ってしまった人たち、今回のことをどう思いますか？

〈児　童〉おもしろ半分で言っていたけど、Aさんがすごく傷ついていることを知って、いけないことをしたと思いました。もう言わないようにします。

〈児　童〉ぼくも同じで、いけないことをしたと思いました。Aさん、すみませんでした。もう言わないようにします。

〈教　師〉2人とも反省しているようですね。「自分がもし言われたら…」という気持ちで行動できたらよかったですね。Aさん、2人がこう言っているけど、許してあげられますか？

〈児童A〉（うなずく）

〈教　師〉Aさんは優しい人ですね。ありがとう。悪口を言った2人はもちろん、他のみんなもお互いのことを大切にしていきましょうね。

このような流れです。まわりの人がどう思うかを最初に取り上げ、最後に問題行動を起こした子に話させるのがポイントです。こうやって全員で話し合う場をもつことで、問題を起こした子のみでなく、全員に友だちをいたわる大切さについて考えさせることができます。

②問題行動を起こした子がはっきりしない場合（無視など）

一方で、無視や陰口など、だれが、何をしたのかがはっきりしないケースもあります。この場合、事実を明らかにしようと厳しく追及すればするほど、「言った（無視した）」「言わない（無視していない）」の押し問答になり、かえって問題が泥沼化してしまう危険性もあります。

このような場合は、だれが無視したのか、だれが陰口を言ったのかを特定せず、「このクラスのだれか」と仮定したうえで、話し合いを進めるとよいでしょう。

このケースについても、私の学級で起きた事例を基に説明します。

前項でも取り上げましたが、先日ある子から、複数の人が自分を見てクスクス笑っているという相談を受けました。そこで私は、次のような流れで話し合いを仕組みました。

〈教　師〉今日はみなさんに考えてもらいたいことがあります。実はクラスのある人から、何人かが集まって自分を見てクスクス笑っているという相談を受けました。（黒板に図をかいて詳しく説明する）
このことについてどう思うか、近くの席の人と1分間話し合ってください。
〈児　童〉（ペアやグループで話し合う）
〈教　師〉では、1人ずつ席順で発表してください。
〈児童A〉自分がされたら嫌になるから、いけないことだと思いました。
〈児童B〉本当にその人のことで笑っていたのかどうかはわからないけど、相手が嫌な気持ちになるようなことはしない方がよいと思いました。
…
〈教　師〉みんなの言うとおりですよね。人の方を見てクスクス笑うのはよくない。たとえその人の勘違いだったとしても、誤解を与えるようなことはすべきでないと思います。先生は、今回はだれがしたのかということは追及しませんが、心当たりがある人は気をつけてくださいね。

もちろん、事前に相談を受けた子に対しては「だれかは言わないので、みんなでこのことを話し合わせてほしいのだけど、いいかな？」と確認を取っておくことが大切です。

ここでは、2つのケースを取り上げましたが、クラス全員で話し合うのか、それとも個別に呼んで対応するのかについては、状況や該当する子どもによって、その都度判断することになると思います。全員で話し合った方が効果は大きいと判断すれば、迷わずそのような場を設けますし、「この子の場合、クラス全体で話し合うには精神的に負担が大きい」「全員で話し合うことで、かえって問題が大きくなるかもしれない」「この子の保護者の場合、了承を得るのが難しい」と判断すれば、個別に呼んで丁寧に対応します。

私は、**教師にとって大切なのは、状況を読む力**だと考えています。目の前に問題が現れたとき、「こう対応すればきっとこうなる」「こう対応すればこんなことが危惧される」と、常に状況を読みながら、また必要に応じて管理職やまわりの先生に相談しながら、最もよい一手を打つ。それができるのは、やはり普段から目の前の子どもたちと接している担任のみだと思います。だからこそ、普段から子どもたちとのコミュニケーションを大切にし、児童理解に努めていくことが大切でしょう。

改善すべきポイントはしばらく教室内に掲示する

掲示することで教師も子どもも意識するようになる

　もちろんすべての子どもというわけではないですが、さっきまで教師に注意されて泣いていた子が、数分後には元気になって、ニコニコ笑っている様子を見ることがあります。大人だと数日間は引きずりそうなものですが、子どもたちのメンタルの強さにはいつも感心させられます。

　言い方はあまりよくないかもしれませんが、ある意味**子どもとは「忘れる生き物」**です。どんなにクラスで真剣に話し合ったとしても、どんなにその子が深い反省の弁を述べたとしても、数時間、また数日経てば、忘れてしまうというのは、ある意味自然なことなのかもしれません。

そこで、「トイレのスリッパをそろえるようにしよう」「廊下を走らないようにしよう」「友だちを大切にする言葉づかいをしよう」といった内容が話し合いを経て取り決められた際、用紙にさっと記入して、教室内の子どもたちの目に留まりやすいところに掲示しておくことをおすすめします。トイレのスリッパなどの事案は、写真を掲示しておくのもよいでしょう。掲示することで、子どもたちだけでなく、教師自身もそのことをしばらく意識するようになり、日々の指導に生かすことができます。

以前私のクラスで、ある子が体育の時間に転んだ際、それを見た数人の子が、笑ってその子をからかうということがありました。これは指導すべき事案だと感じた私は、早速体育が終わった後、この件についてクラスで話し合いの場をもちました。その結果、体や名前のことはもちろん、人が一生懸命がんばっていることも絶対にからかってはいけないということが取り決められました。私は、この取り決め内容を即座に用紙にマジックで書いて掲示しました。その効果は絶大で、以後このクラスでは、このようなことが起きることはありませんでした。

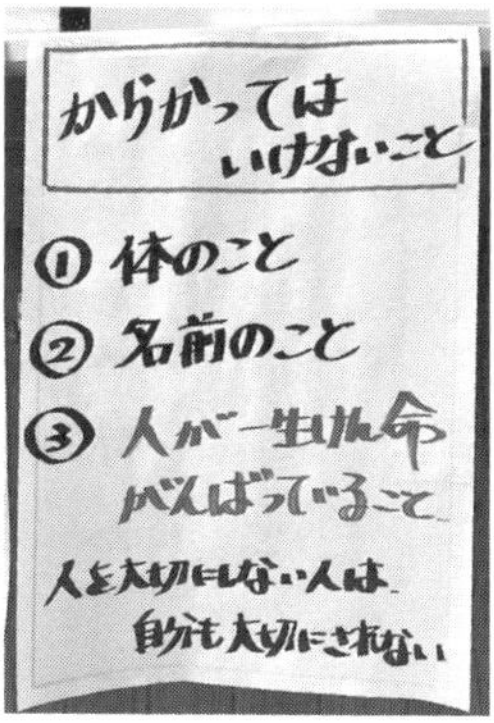

この掲示物は、問題が改善されたら外してしまうことをおすすめします。**いつまでも貼っているとマンネリ化し、かえって効果がなくなってしまう**からです。

掲示物を外すタイミングは、子どもたちに決めさせるとよいでしょう。どこかのタイミングで、「この用紙（写真）はみんなもう外しても大丈夫ですか？」と子どもたちに問いかけます。

「もう守れているから大丈夫です」

「まだ心配だから、もう少し貼っておきましょう」

自分たちの現在の姿を振り返る、よい機会になると思います。


なお、この章では「9月の学級づくり」ということで様々な取組例を紹介しましたが、これらは当然どの月にも当てはまります。問題が起きたときの対応などは、1学期から取り組むべき内容とも言えるでしょう。いずれにしても、教師が一方的に強い指導を行うのではなく（時にはそうした指導も必要ですが）、子ども自身に、何がよくて何がいけないのか、なぜいけないのか、どうすればクラスがよりよくなるか…などをその都度考えさせ、**「共によりよい学級をつくる」**という意識をもたせる必要があります。

2章

10・11月

行事を通して学級のレベルアップを図る

❸練習はリーダーを中心に子ども主体で取り組ませる

教師が何もかも主導して練習を進めるよりも、内容に応じてリーダーを設け、各リーダーを中心に練習に取り組ませた方が教育的効果は高まります。例えば、運動会のリレーであれば、チームのキャプテンを選出し、チームごとに練習する時間を設けます。学芸会で合奏を行う場合も、パートリーダーを選出し、リーダーを中心に練習に取り組ませます。時にリーダー会を開催し、練習の進捗状況を確認したりお悩み相談を受けたりする時間を設けましょう。

❹高学年は、係の仕事や準備・片づけで心を育てる

運動会でも学芸会でも、高学年になると、係の仕事や会場の準備・片づけなど、様々な役割が与えられるようになります。これらは子どもたちに高学年としての自覚と責任感を育てる絶好のチャンスです。必ず全員を集め、心構えを諭したうえで子どもたちを動かすのがポイントです。

❺プチ打ち上げと１人ひと言で連帯感を高める

運動会や学芸会をやり遂げた子どもたち。行事が終わった後は、担任としてしっかりねぎらいの言葉をかけてあげましょう。おすすめは、後日改めて設定する「プチ打ち上げ」。こっそり用意したジュースで乾杯というのもよいかもしれません。その際、１人ずつ振り返りを述べる時間を設ければ、一層達成感や連帯感を高めることができます。

1
運動会・学芸会

ポイント

❶目指すゴールを全員で共有する

運動会でも学芸会でも、取組を進める前に、必ず最初に行うべきことがあります。それは、「自分のベストを尽くす」「行事を成功させる」といった目指すべきゴール（目標）を全員で共有することです。ゴールをきちんと設定していれば、何かうまくいかないことがあったときに、そこに立ち返らせることができます。

❷子どものアイデアが生かされる場を設ける

運動会の種目（内容）や学芸会の合唱・合奏の曲、劇の内容などは、何もかも教師が決めるのではなく、極力子どもたちと相談のうえで決定するようにします。また、運動会の応援団のコール、合奏の振りつけ、曲と曲の間の台詞など、子どもたちのオリジナリティが生かされる場を積極的に設けましょう。学芸会では、子どもと一からつくるオリジナルの劇もおすすめです。

目指すゴールを全員で共有する

この行事で何を目指すかを確かめる

一年間の中でもとりわけ大きな行事、それが運動会や学芸会です。地域や学校にもよりますが、これらの行事は10月や11月に開催されることが比較的多いのではないかと思われます。

運動会や学芸会の話に触れると、必ず子どもたちは、「先生、今年の運動会は何をするのですか?」「学芸会は合唱・合奏ですか、それとも劇ですか?」と問いかけてきます。

そんなとき、私はいつも次のように子どもたちに返答するようにしています。

「何をするかということも大切だけど、その前に、何を目標にするのか、何のためにするのかということを考えることが大切ですよ」

行事が近づき、そろそろ取組（練習）を開始するという時期を見計らって、まずは運動会や学芸会の目指すゴールを話し合わせます。

低・中学年であれば、「みんなで力を合わせる」「友だちや他の学年を一生懸命応援する」といった目標が多く設定されます。高学年になると、「自分たちの種目（演技）だけでなく、係や準備・片づけの仕事をがんばり、行事を絶対に成功させる」といった、やや全体に目を向けた目標が設定されます。場合によっては、運動会で「絶対に勝つ」といった目標になってもかまいませんが、**大切なのは、行事がどのような形で終われば成功と言えるのかを、発達段階に応じて、子どもたち自身が深く考えること**だと思います。

例えば、運動会のリレーの練習で、ある子がバトンを落とし、同じチームの子が「〇〇さんのせいで負けた」と責めていたとします。このような場合、共通のゴールがきちんと設定されていれば、「ちょっと待って。『みんなで力を合わせる』というのが目標だったよね。その言い方は、『力を合わせる』ことになるのかな？」と、子ども自身に問いかけることができます。学芸会の練習で子どもがダレてきたときも、「みんなのゴールは何だったかな？」と子ども自身に目標に立ち返らせることができます。このように、最初にゴール（目標）を決めることが、行事を成功させる最大のポイントと言えます。

子どものアイデアが生かされる場を設ける

子どものアイデアが生きるように工夫する

運動会や学芸会の目指すべきゴールが定まった子どもたち。次に考えるべきことは、「何をするか」ということでしょう。「今年の運動会は、〇年生は徒競走と綱引きとダンス」「今年の学芸会は合奏。曲は〇〇」というように、運動会や学芸会は、どうしても教師が内容を一方的に考え、指導するという形態に陥りがちです。必ずしもそれが悪いとは言えませんが、子どもたちの主体性を育てるために、ある程度子どもと相談のうえで決めていくのがよいと思います。

もちろん、職員会議で提案された段階で、学年の内容や時間は、ある程度決められているものです。その中でも、子どものアイデアが生きるように工夫を施すことが大切です。

運動会の表現（ダンス）に、子どものアイデアを生かす

各学年の運動会の種目といえば、徒競走、団体競技、表現、リレーなどでしょう。このうち、子どもたちのアイデアが最も生かされるとすれば、やはりダンスなどの「表現」ではないかと思います。

私の場合、最初に「今年の運動会でダンスを行います。そこでまず踊ってみたい曲をみんなで決めたいと思います。条件は、ノリのいい曲です。みなさんからアイデアを出してください」と投げかけることから始めます。いくつかアイデアを集め、実際に曲を確認したうえで候補を絞り、最終的には多数決で決定します。

曲が決まると、今度は振りつけを考えさせます。体育の時間を使って、「グループごとに『こんな振りつけを入れたい』というアイデアを1つ以上出してください。かっこいい振りつけ、おもしろい振りつけをお願いしますよ」と言って、自由に考えさせます。最終的には、教師がそれらの振りつけのアイデアをまとめ、1つのダンスを完成させます。

「曲や振りつけなどは最初から教師が決めればよいのでは？」と思われるかもしれませんが、**あえて子どもたちに委ねることで、主体性を育てていく**ようにしています。

運動会の応援合戦に、子どものアイデアを生かす

学校によっては、運動会の応援合戦が種目として組み込まれていると思います。もしそうでなければ、ぜひ組み込むことをおすすめします。なぜなら、**応援合戦は子どものアイデアを生かす最大のチャンス**だからです。

自身が応援団の担当になったら、まず少し早い段階で応援団を集めます。そして、「応援団の最大の使命は、運動会をこれ以上ないくらい盛り上げること」であることを確認します。

そのうえで、どんなことをしたいか、まずは自由にアイデアを出させます。

「よくある『フレー、フレー、白組』といった振りつけをしたいです」

「赤組、白組それぞれのコールをつくったらいいと思います」

「曲に合わせて踊りをしたいです」

子どもたちからいろいろなアイデアが出てくるでしょう。アイデアが出たら、子どもと相談のうえで、与えられている時間内で終わるように内容を計画します。実際に以前私が応援団担当になった際の応援合戦の流れを示しますので、参考にしてください。

応援合戦の流れ

1　入場
赤組団長「赤組いくぞー」「おー」
白組団長「白組いくぞー」「おー」　駆け足で入場

2　赤白それぞれのコール
赤組団長「赤組団長の○○だー。よろしくー」
赤組団長「赤組の優勝を願って、フレフレ赤組」
赤組全員「フレフレ赤組。フレフレ赤組。おー」
※このような形で赤白それぞれコールを行う。

3　ダンス（曲の一部）
団長「ミュージックスタート」応援団のダンス
※応援団の考えたオリジナルダンスを踊る。
※全校児童は曲に合わせて手拍子。

4　エール交換
赤組団長「白組の健闘をたたえ、エールいくぞ」
赤組全員「おー」
赤組団長「がんばれ、がんばれ、白組」
赤組全員「がんばれ、がんばれ、白組」
※このような形で赤白それぞれエールを送る。

5　団長同士が中央で握手→スローガンを言う
赤組団長「今年勝つのは赤組だー」
白組団長「いやいや、今年勝つのは白組だー」
※中央に集まり、握手。全員でスローガンを叫ぶ。

6　退場（太鼓の音に合わせて駆け足で退場）

学芸会の合唱・合奏は、子どもが歌いたい曲、演奏したい曲を選ぶ

学芸会で合唱や合奏といった音楽発表を行う場合、選曲は子どもたちに行わせるのが得策と言えるでしょう。なぜなら、「自分たちが好きな曲」「自分たちが選んだ曲」というだけで、子どもたちのモチベーションは一気に上がりますし、**何より必死で練習に向かうようになる**からです。

以前勤めていた学校で、私の担当する学年は、音楽発表を行うことが決められていました。そこで子どもたちに「どんな曲を歌ったり演奏したりしたい？」とリクエストすることから始めました。J－POP、アニメの曲、音楽の教科書に載っている曲、子どもたちからは多数のリクエストが出てきたので、投票のうえ、みんなで曲を決めていくことにしました。子どもたちは、自分たちで決めた曲ということで、一生懸命練習に取り組み、結果は大成功でした。

もちろん、教師として「この曲を歌わせたい、演奏させたい」という思いもあると思います。その場合は、1曲は教師が決め、もう1曲は子どもたちに決めさせるという方法もあると思います。いずれにしても、子どもたちの思いを極力大切にしていきましょう。

曲と曲の間の台詞、衣装、スライドや映像も子どものアイデアを募る

合唱や合奏は、歌を歌ったり演奏したりするだけがすべてではありません。曲と曲の間の台詞や衣装、バックのスクリーンに映すスライドや映像なども、工夫する余地はたくさんあります。**こうしたアイデアも、ぜひ子どもたちから募るようにしましょう。**

練習が順調に進み、本番2～3週間前になったころ、一度子どもたちを集めて、「学芸会の合唱や合奏をよりよいものにしたいのだけど、歌や演奏以外で、何かよいアイデアはありませんか？」と話します。

「台詞を入れて、曲紹介をすればいいと思います」

「衣装を工夫すればよいと思います。みんなで蝶ネクタイをつけるとか…」

「後ろのスクリーンで曲に合う映像を流せばいいと思います」

経験上、子どもたちからは実にたくさんのアイデアが出てきます。以前勤めた学校では、「カントリー・ロード」という曲を演奏する際、子どもたちが総合的な学習の時間に撮影した地域の風景動画を流しましたが、「地域を大切にする子どもたちの思いが伝わってきた」と大好評でした。このような工夫も、どんどん取り入れるとよいと思います。

ハードルはやや高いが、オリジナルの創作劇もおすすめ

毎年、学芸会の話になると、「劇をしたい！」という子どもが非常に多くいます。もちろん全員ではありませんが、「人前で演技をしたい」という欲求が、多くの子に備わっているのかもしれません。

昔話、童話、国語の教科書にある物語…など、どれも子どもたちにとっては楽しく取り組めるものですが、思い切ってオリジナルの創作劇に取り組ませるのもおすすめです。

私はこの劇には少しこだわりがあって、学芸会の演目が劇に決まった際は、必ずと言ってよいほど、オリジナルの創作劇を行っています。特におもしろいのが、地域を題材にしたお話です。総合的な学習の時間などで調査した内容を基に、子どもたちと一緒にストーリーを考えています。

手順としては、まず子どもたちに、地域の何を取り上げるかを決めさせます。地域に伝わる昔話、地域で活躍した人物、50年前の地域の暮らし…など、何でもよいと思います。そのうえで、大まかなあらすじを考えさせ、最終的に台本に仕上げるという流れです（子どもたちに台本を書かせますが、最終的には教師が仕上げています）。

この地域を題材にしたオリジナルの創作劇ですが、**ある程度フォーマットを固めておくと、意外と簡単に創ることができます。**私がよく行っているフォーマットを示しますので、もし機会があれば挑戦してみてください。

【地域の昔話劇】
地域に伝わる昔話をそのまま取り上げる。登場人物や場面を増やし、実際の話から内容が逸れない程度に内容を膨らませるとよい。実際にある地域の寺社、史跡などを舞台にするとよい。

【タイムスリップ劇】
主人公の子どもたちが、地域の過去にタイムスリップ。そこで、昔の出来事に触れ、いろいろなことを学ぶ話。前半と後半で子どもたちの価値観が変わり、成長するように展開する。

【正体が○○劇】
主人公の子どもたちの前に、不思議な人物が現れる。その人物のまわりでは、何かと不思議な出来事（伏線）が起こる。最後に正体が明かされるが、その正体は地域の大木、学校の銅像など。正体を知った子どもたちがそれらを大切にしようと決意する。

練習はリーダーを中心に子ども主体で取り組ませる

「やらされる」練習を「自分たちでやる」練習に変える

運動会の練習というと、学年の中で体育に堪能な先生が指揮をとり、その先生の指示でハードな練習が行われるのがほとんどです。同様に、学芸会の練習も、音楽に堪能な先生が事細かに指導を行い、合唱や合奏をつくり上げていくという光景をよく目にします。

もちろん、それが一概に悪いというわけではありません。事実、私自身も、なんとか行事を成功させたいという思いから、積極的に前に出て指揮をとるようにしています。

しかし、何もかもを教師が指揮していると、次第に子どもたちの中に「やらされ感」が生まれていきます。何より、こうした行事は見栄えのよい競技、演技を行わせることも大切ですが、**子どもたちの主体性を育むことにもっと重点を置くべき**でしょう。

そこでおすすめなのが、リーダーを設けて、リーダーを中心に練習を進めさせるという方法です。例えば、次のようなリーダーを設けてはどうでしょうか。

【運動会】
○かけっこ練習リーダー（かけっこ練習のメニューを考え、指揮をとる）
○ダンスリーダー（ダンスの振りつけを考え、中心になって練習を進める）
○リレーのチームキャプテン（チームの練習を中心になって進める）
【学芸会】
○合唱・合奏のパートリーダー（パート別練習を中心になって進める）
○劇の場面リーダー（その場面の練習を中心になって進める）

リーダーの選出は、立候補でも推薦でもかまいません。複数いてもよいと思います。なお、担任とリーダーが集まって、定期的に行うリーダー会の開催もおすすめです。リーダー会では、練習の進捗状況を確認したり、お悩み相談を受けたりします。もちろんすべてリーダーに丸投げするのではなく、教師も積極的に介入することが大切です。

高学年は、係の仕事や準備・片づけで心を育てる

高学年としての心構えを共有したうえで子どもを動かす

運動会や学芸会は、高学年の活躍なしには運営できません。高学年の動きが、行事成功のカギを握っていると言ってよいでしょう。

具体的に高学年の活躍の場をあげると、まず係の仕事があります。運動会では、準備係や放送係、招集・出発係などがあります。学芸会でも、準備係や放送係、照明係などがあると思います。児童会役員には児童代表あいさつが、体育委員長には全校の前で体操を行うなどの役が与えられるでしょう。

また、会場の前日準備や片づけも、高学年の大切な仕事の1つです。運動会や学芸会が終わった後も、すぐには下校せず、最後まで残って片づけをするのもやはり高学年です。

基本的には、それぞれの担当者が子どもたちに具体的な指示を行うことになると思いますが、その前に1つ大切なことがあります。それは、**高学年としての心構えを全員で共有する**ことです。

私は高学年の担当になったら、必ず係や準備・片づけの前に、全員を集め「高学年としてどのような動きをするべきか」を考えさせます。例えば、次のような言葉かけです。

> これから係ごとに分かれて運動会の打ち合わせを行いますが、みんなに伝えておきたいことがあります。それは、高学年は車で言うと、タイヤのような存在だということです。タイヤは目立ちません。でも、タイヤがないと車は絶対に動かない。1〜4年生がスムーズに動けるかどうかは、みんなにかかっています。みんならできると信じていますよ。がんばりましょう!

このほか、準備や片づけの際は、「ありがとう!」「助かる!」「さすが高学年!」といった言葉かけを何度も行います。無事準備や片づけを終えた後は、しっかりと感謝の気持ちを伝えましょう。

プチ打ち上げと1人ひと言で連帯感を高める

担任と子どもだけの、秘密の「プチ打ち上げ」

運動会や学芸会が無事に終了しました。低学年や中学年であれば、子どもたちががんばったこと、成功だったことをしっかりほめて下校させます。高学年であれば、それらに加え、係や準備・片づけなど、学校全体のためにがんばったことに対しても、しっかりとねぎらいの言葉をかけたうえで下校させるようにしましょう。

このほか、大きな行事が終わった後のおすすめの取組があります。それが、後日担任と子どもだけで行う秘密の「プチ打ち上げ」です。

私はよく、高学年の子どもたちをねぎらうために、このプチ打ち上げを行っています。あまり人目につかない空き教室に、こっそりジュースやお菓子を用意しておきます。

運動会や学芸会が終わった翌週のある時間、「黙ってついて来なさい」と指示し、子どもたちをその部屋に集めます。ジュースやお菓子を見て興奮する子どもたちに、「静かに！」とあやしながら、「みんながんばってくれたから、運動会（学芸会）が無事成功しました。本当にありがとう。これはささやかなお礼です」と言って、ジュースやお菓子を配ります。当然、子どもたちは大喜びです。紙コップで乾杯をして、楽しいひとときを過ごします。

このとき、ぜひとも1人ずつ行事の感想を述べる時間を設けましょう。

「リレーは一番になれなかったけど、みんながんばったと思います」

「放送係の仕事がすごく緊張したけど、うまく話せてよかったです」

「家族や地域の方がたくさん応援してくれて、すごくうれしかったです」

一人ひとりが話し終わった後は、みんなで拍手を送ります。もちろん最後は、担任である自分自身も、子どものがんばりに対する称賛を熱く語りましょう。

秘密の打ち上げといっても、同学年の先生には事前に伝え、各クラスでこのプチ打ち上げを計画した方が無難です。**時にはこうしたご褒美を与えることも、子どもたちとのよりよい関係を築くうえで有効**だと考えます。

❸１人１役をもたせ、終始子ども主体で行う

出発式や入所式、解散式は、子ども自身に司会やあいさつを行わせるようにします。また様々な見学地を訪れた際のあいさつやお礼も、必ず子どもたち自身に行わせます。このほか、見学班の班長や宿泊所の室長など、様々な役がありますが、これらに関して、全員に１人１役をもたせて、終始子ども主体で行うことが大切です。

❹活動中に１人ひと言の場を設ける

野外活動のキャンプファイヤー、修学旅行の食事や帰りのバスの中など、活動中に１人ひと言話す場を設けましょう。自分自身が学んだこと、感じたこと、成長したこと、今後の目標などを互いに交流することで、個人として、また集団として、子どもたちの成長を促すことができます。

❺学習の成果を発表する場を設ける

野外活動や修学旅行から帰ったら、必ず学習の成果を発表する場を設けましょう。どのような形で発表するかを話し合うことから始め、計画的に準備を進めます。全校集会、参観日などの機会を利用して学習の成果を発表させれば、一層学びを深めることができます。

2
宿泊行事

ポイント

❶目的を全員で共有する

10月は、野外活動や修学旅行など、宿泊行事が多く行われる時期だと思います。子どもたちが最も楽しみにしている行事だけに、しっかりと準備を行い、満足のいくものにしていく力量が教師には求められます。

最初に取り組むべきなのが、目的（目標）を全員で共有することです。何のために野外活動に行くのか、修学旅行を通してどのように成長したいかなど、子どもたちの意見を基に、全員で目的（目標）をつくります。

❷しおりを自分たちで作成させる

読者の先生方の学校では、野外活動や修学旅行のしおりを誰がつくっているでしょうか。もしも教師が作成しているということであれば、ぜひとも子どもたち自身に作成させることをおすすめします。情報を収集する力、まとめる力など、様々なスキルを高める絶好の機会になりますし、何より「自分たちの野外活動」「自分たちの修学旅行」という当事者意識をもたせることができます。

目的を全員で共有する

あえて1時間確保し、何のために行くのかをしっかり考えさせる

私の経験上、5年生の子どもたちに「1年間で何が一番楽しみ?」と聞くと、多くの子が「野外活動」と答えます。同様の質問を6年生に行うと、ほぼすべての子が「修学旅行」と答えます。子どもたちが何より楽しみにしているこれらの行事。何としても成功させて、子どもたちの一生の思い出になるように努めたいものです。

これらの行事については、多くの場合、「どこへ行って、何をするのか」という説明から始めることがほとんどのようですが、私は必ず、**「何のために行くのか」という目的を全員で話し合わせることから始めます。**なぜなら、野外活動や修学旅行は、家族で行くキャンプや家族旅行とは異なり、子どもたちを成長させるために行くと考えているからです。

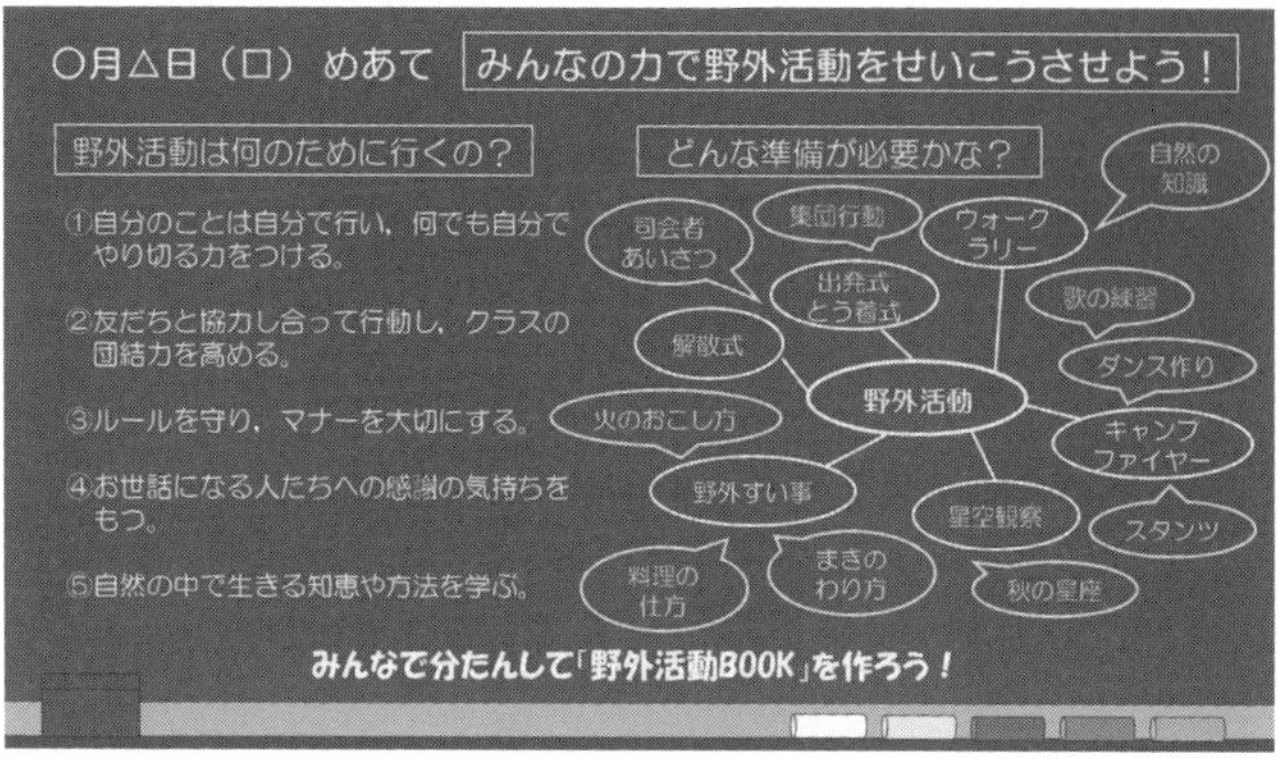
○月△日（□）めあて
みんなの力で野外活動をせいこうさせよう！
野外活動は何のために行くの？
①自分のことは自分で行い，何でも自分でやり切る力をつける。
②友だちと協力し合って行動し，クラスの団結力を高める。
③ルールを守り，マナーを大切にする。
④お世話になる人たちへの感謝の気持ちをもつ。
⑤自然の中で生きる知恵や方法を学ぶ。
どんな準備が必要かな？
野外活動
司会者あいさつ
集団行動
ウォークラリー
自然の知識
出発式とう着式
歌の練習
解散式
ダンス作り
火のおこし方
キャンプファイヤー
野外すい事
星空観察
スタンツ
料理の仕方
まきのわり方
秋の星座
みんなで分たんして「野外活動BOOK」を作ろう！

まずは「野外活動（修学旅行）は何のために行くのでしょう？　班で話し合って、少なくとも3つは目的を考えてみましょう」と指示します。少し意地悪な言い方ですが、「目的が言えないと行く必要はないと思いますよ」などと補足してもよいかもしれません。子どもたちは必死で目的を考えるようになります。数分後、「では、1人ずつ自分の考える野外活動（修学旅行）の目的を発表してみましょう」と展開します。

「友だちとの仲を深めるためです」

「自分のことを自分で行う力を身につけるためです」

子どもたちの意見を受けて、教師が3～5つぐらいに目的をまとめます。続いて「この目的を達成するためには、どんなことを準備しておく必要がありますか」と問い、事前に何をすべきかを考えさせます。このように展開して、子ども主体で活動を進めさせます。

しおりを自分たちで作成させる

しおりをつくる教育的効果は高い

野外活動でも修学旅行でも、必ずしおりのような冊子を作成したうえで当日を迎えることになると思います。学校によっては、このしおりを教師が作成しているかもしれませんが、私の経験上、思い切って子どもたちにつくらせると、高い教育的効果が得られます。情報を集める力、文章でまとめる力などのスキルを鍛える絶好の機会になりますし、何より当事者意識を高めることにつながります。少なくとも、「先生、次はどこに行くのですか？」「何をするのですか？」というような、受動的な発言は聞かれなくなるでしょう。

方法は簡単です。前項で説明した野外活動もしくは修学旅行の目的を話し合った後、「どのような準備を行えば自分たちが主体となる活動になるか」を考えさせます。

班を決める、ルールを決める、見学地の情報を集める、調理の仕方をまとめるなど、いろいろな意見が出てくるでしょう。そこで、それぞれの内容について担当を決めて、責任をもってそのページを作成するように促します。1人ずつ分担してもよいですし、「見学地チーム」「調理チーム」などのチームを組織して、複数で取り組ませてもよいと思います。しおりの目次例を掲載しますので、参照してください。

修学旅行のしおり　目次例

1　修学旅行の目的・日時・場所
2　日程
3　班編制・役割分担
4　準備物
5　出発式について
6　見学地①　清水寺について
7　見学地②　二条城について
8　見学地③　金閣寺について
9　ホテル到着式について
10　部屋で過ごすときの注意
11　朝の活動について（起床・準備）
12　見学地④　東大寺
13　見学地⑤　ＵＳＪ（班活動計画）
14　お土産を買うときの注意・リスト
15　解散式
16　新幹線・バス座席表
17　２日間の振り返り

野外活動のしおり　目次例

1　野外活動の目的・日時・場所
2　日程
3　班編制・役割分担
4　準備物
5　出発式・到着式について
6　活動①　ウォークラリー
7　活動②　野外炊事
8　活動③　キャンプファイヤー
9　星空観察
10　部屋で過ごすときの注意
11　朝の活動について（起床・掃除）
12　活動④　クラフト（記念品づくり）
13　解散式
14　バス座席表
15　２日間の振り返り

手書きもよいが、タブレット端末を使うと効率的

私自身、以前までは、こうしたしおりの作成は手書きで行わせていました。それはそれで味があってよいと思いますが、近年のGIGAスクール構想における学校の状況を考えると、タブレット端末で作成させた方が、子どもたちのICT活用力を高めるうえでも効果的と言えます。

大まかな書式（見出しのフォント、サイズなど）は教師が決めますが、レイアウト等は、ほとんど子どもに任せます。2時間、もしくは3時間など、時間を決めて各自作成に当たらせます。当然、班の構成、時間的なスケジュール、細かいきまりなど、子どもたちの力だけでは難しい内容もあります。その場合は、どんどん教師のもとへ質問に来るように促します。

また、ある程度ページが完成した段階で、互いに評価し合って、改善を促す場を設定することをおすすめします。印刷した個々のページを机の上に並べ、付箋を持って、それぞれの内容やレイアウトに関して、付箋を使って助言を行わせるのです。

このように展開すれば、一層宿泊行事に対する当事者意識を高めることができます。

8　金閣寺について

写真

金閣寺は，室町時代に，室町幕府３代将軍足利義満によって建てられました。舎利殿の金閣あるため「金閣寺」と言われていますが，正式には「鹿苑寺（ろくおんじ）」といいます。１９９４（平成６）年に世界遺産に登録されました。

ここが見どころ！

金閣は，建築方法のちがう３層の構造になっています。１層は寝殿造り，２層は武家造り，３層は中国風の禅宗仏殿造りで，２層と３層には，純金の金ぱくがはられています。

このほかにも，義満が自分で
をした「陸舟（りくしゅう）」の
るという中国の言い伝えにちな
滝」など，見どころがたくさん

参考文献：「事前に調べる修学旅行

7．活動②　野外炊事（カレーの作り方）

野外炊事では，カレーライスを作ります。みんなでお米をたいて，カレーを作って，おいしくいただきましょう。このページでは，カレーの作り方をしょうかいします。ぜひ本番までに家でも作ってみてください！

(1) 材料
にんじん　じゃがいも　玉ねぎ　とり肉　油　カレー粉

(2) 作り方

①野菜をすべて洗う。
②野菜を切る。
にんじん･･･皮をむいて，一口大の乱切り
じゃがいも･･･皮をむいて，一口大の乱切り
玉ねぎ･･･皮をむいて，くし切り
③なべに油をひいて，野菜ととり肉を入れていためる。
④なべに水を入れて，しばらくにこむ。

次のページへ！

なお、このしおりが完成したら、ぜひとも事前学習会を行うことをおすすめします。

作成したしおりのページを電子黒板やスクリーンなどに映し出し、担当した子が、内容について説明を行います。説明を聞いている子には、必ず質問をさせるようにします。

「金閣はなぜ鹿苑寺と言うの？」

「カレーの材料は何分ぐらい煮込むの？」

こういった質問や応答を通して、子どもたちがどんどん主体的になります。**事前学習会の進行も、子ども自身に行わせるようにしましょう。**

1人1役をもたせ、終始子ども主体で行う

式の司会からお礼まで、すべて子どもたちが行う

野外活動でも修学旅行でも、学校で行う出発式、施設やホテルに入る入所式、最後の解散式など、いろいろな式があると思います。また、修学旅行では、それぞれの見学地で何かしら体験活動を行う際、お世話になる方にあいさつやお礼を述べることがあるかもしれません。これらの式の司会やあいさつ、お礼などを、すべて子どもたち自身に行わせるようにします。A君は出発式の司会、Bさんはそのときの児童代表あいさつ…というように、細かく分担するとよいでしょう。

もちろん、子どもたちにとってははじめての経験ですから、**どのような言葉であいさつやお礼を述べるかについては、教師もしっかりと助言を行うようにします。**

リーダーをつくり、終始子ども主体の活動を仕組む

野外活動であれば班長や副班長、野外炊事の際の料理長、ウォークラリーの隊長、宿泊部屋の室長などを、修学旅行であれば同じく班長や副班長、室長というように、何かにつけてリーダーを決めることをおすすめします。そして、**ただリーダーを決めるだけでなく、それぞれのリーダーの役割（仕事内容）を明確にしておきます。**

例えば、班長は整列の際の点呼や担任への報告、副班長は班活動の際の時間管理などの役を与えてもよいかもしれません。宿泊部屋の室長には、活動中に室長会議などの場を設け、伝達内容や注意事項などを部屋の全員に伝える役を担わせます。そうすれば、終始子ども主体で活動が進むようになります。

また、学級の実態にもよりますが、野外活動や修学旅行の班を決める際、班長会議で決定させるという方法もおすすめです。普段交流が少ない人同士をあえて同じ班にする、少しまわりのサポートが必要な子には班長が責任をもつなど、様々なリーダーシップが発揮されることでしょう。ただし、班長が決めた班には、絶対に他の子は文句を言わないなどの約束を全員で取り決めておくことも忘れないようにしましょう。

活動中に1人ひと言の場を設ける

ちょっとした工夫で心に残る宿泊学習に

ちょうどこの書籍を執筆しているとき、テレビで箱根駅伝（2023年）後の、チームごとのミーティングの様子が特集として放送されていました。そこでは、一人ひとりの選手が、思い思いに大会の感想を全体の場で述べていました。学生のころ、スポーツクラブや部活動などでこうした1人ずつスピーチをするという経験をされた方も多いと思いますが、やはりお互いの声を聞き合うというのは、自分自身を振り返ったり、チームとしての団結力を高めたりするうえで、非常に大切なことだと思います。

私は、宿泊学習でも1人ひと言の時間を積極的に設けるようにしています。例えば、野外活動では、キャンプファイヤーの最後に、消えそうな火を囲みながら、1人ずつ自分の感想や新たに見つけた友だちのよさなどを話す時間を設けます。修学旅行では、1日目の晩ご飯を食べ終わった後の時間や帰りのバスなどで、順番に感想を述べる時間を設けています。

「ぼくが一番心に残ったのは、ウォークラリーです。道に迷いそうになったけど、班のみんなと協力して無事ゴールすることができました。すごくうれしかったです」

「私は今日一日を通して、前よりもみんなと仲良くなれたような気がします。明日の活動もがんばりたいです」

「班長としてみんなを引っ張っていけるか不安だったけど、班のみんなが協力してくれて、見学地を回ることができました。班のみんなにはすごく感謝しています」

うまく話せなくてもよいので、自分の言葉で自分の思いをしっかり伝えることが大切です。もちろん、宿泊学習が終わり、学校に戻ってからでも可能ですが、学校ではない特別な場所で行う方が、より教育的効果が高いのではないかと思います。

教師自身も、最後に子どもたちへの思いを熱く語ります。みんなでがんばって準備に取り組んできたこと、宿泊学習中の子どもたちの輝いていた姿、今後の願い、何でもよいと思います。きっと子どもたちの心に深く刻まれることでしょう。

学習の成果を発表する場を設ける

おすすめはプレゼンテーション発表

野外活動や修学旅行の後、どんな形で活動を締めくくっているでしょうか。思い出を絵に表す、作文を書く、体験記をまとめる…など、方法は様々ですが、せっかく心に残る特別な体験をしたのですから、多くの人に学習の成果を見てもらう場を設けたいものです。

おすすめは、プレゼンテーション発表です。先にも触れましたが、子どもたちの表現力やＩＣＴ活用力を高めるうえで、絶好の学習機会になります。野外活動や修学旅行が終わり、学校での授業が再開されると、「楽しかった活動の思い出を、せっかくなので、全校児童や先生方、保護者のみなさんに教えてあげましょう」と投げかけます。

そのうえで、だれが何について発表するかを分担します。担当が決まると、自分の発表内容について、発表原稿をつくったりプレゼンテーション資料を作成したりします。プレゼンテーション資料は、見学の際に撮影した写真や動画を活用します。可能であれば、原稿を読ませず、自分の言葉で語らせた方が、よりよい発表になります。思い出に残った場面があれば、寸劇などを取り入れてもおもしろいかもしれません（過去に宿泊部屋での思い出を再現劇にした子たちがいましたが、大盛り上がりでした）。

何度か練習し、リハーサルを踏まえて、いざ本番です。全校集会や参観日などで発表すると、子どもたちにとって一層思い出深いものとなるでしょう。子どもたちの力を高めるためにも、ぜひ取り組まれることをおすすめします。

修学旅行報告会
プログラム

1 はじめに
2 事前準備（しおりづくり）
3 清水寺
4 清水焼絵つけ体験
5 二条城
6 金閣寺
7 ホテル
8 東大寺
9 ＵＳＪ
10 おわりに（２日間の学び）

子どもが作成したプレゼンテーション資料の例

❷読書で子どもたちを落ち着かせる

「読書の秋」にちなんで、10、11月に読書活動を推奨している学校も多いと思います。学校行事が増えて、子どもたちが落ち着かなくなるこの時期だからこそ、積極的に読書活動を進めていきましょう。朝の読書タイムはもちろん、国語の授業開始時に10分程度の読書の時間を設けることもおすすめです。運動会の練習で汗をたくさんかいた後、学芸会の練習で興奮気味になった後、修学旅行が近づいてきて子どもたちが浮き足立ってきたころを見計らって、積極的に読書の時間を設けましょう。

❸大きな行事が終わった後の声かけを大切にする

運動会、学芸会、修学旅行などが終わった後（翌日）、子どもたちは大きな虚無感に見舞われます。大きな目標を失ったことで、学級が一気に崩れ出す危険な時期とも言えるでしょう。大切なのは、大きな行事が終わった後（翌日）に、担任としてどのような声をかけるかだと思います。行事に向かってがんばったことをしっかりとほめつつ、まわりの学年や先生たちが、みんなのことをいかに信頼しているかということをしっかりと伝えていきましょう。いつもよりもほめる回数を増やし、「また気持ちを新たにがんばろう」と思える雰囲気をつくることが学級担任には求められます。

3

10・11月の学級づくり

ポイント

❶「静」と「動」を意識して授業を確実に進める

運動会や学芸会、修学旅行など、10、11月は学校行事が集中する時期です。行事を通して子どもたちを大きく成長させることができるというよさもありますが、その反面、活動が続くあまり、学級が落ち着かなくなるという危険性もあります。

この時期に大切なのは「静」と「動」を今まで以上に意識させることです。時間を守る、整理整頓をする、きちんとした言葉づかいをする…など、「当たり前」のことができているかどうかに、学級担任がしっかり気を配ることが大切です。また、「先生、国語をやめて、もう１時間運動会の練習をしましょう」「午後からも合奏の練習をしたいです」といった子どもたちの声に負けて、安易に授業をおろそかにすることがないようにしたいものです。計画通り、確実に授業を進めることが大切です。

「静」と「動」を意識して授業を確実に進める

多忙な時期こそ、意図的に「静」と「動」を設ける

運動会や学芸会、修学旅行などの大きな行事が集中する2学期。これらの行事は、多くの子どもたちが楽しみにしています。これまで説明してきたように、目標をもたせ、役割を与え、子ども主体の活動を仕組んでいけば、間違いなく子どもたちはこれらの活動に熱中することが予想されます。

しかし、ここで気をつけなければならないのは、こうした行事を重視するあまり、普段の活動、つまり授業や学級での活動がおろそかになってしまわないようにすることです。

一例をあげると、運動会の練習が終わった後、激しく体を動かした子どもたちが、次の授業開始時になっても席に着かず、興奮気味に教室内を歩き回っているという光景がよく

見られます。修学旅行が近づいてくると、掃除時間のおしゃべりが増え、仕事がいいかげんになってくることもあるでしょう。さらには、行事の準備や練習で忙しいからという理由で、提出物がそろわなくなることが増えるのも、この時期の特徴と言えます。

大切なのは、教師が常に「静」と「動」を意識することです。**こういう活動的な時期だからこそ、学校のルールや規律を守り、落ち着いて行動することを徹底させる**のです。

具体的には、次のような声かけが効果的です。

（運動会の練習が終わり、解散する前に）

「みんな今日も練習をよくがんばりましたね。これから教室に帰って、次の授業の準備をすると思いますが、必ず時間を守って席に着いておくこと。先生は、こうした次の授業の時間を守れないのであれば、これ以上運動会の練習をする意味はないと思います。でも、みんならきちんとできると信じています。では、解散」

事前に指導を入れておけば、おそらくほとんどの子がきちんと席に着いているでしょう。行事が続くからこそ、日々の当たり前のことを徹底させる。大切なポイントです。

子どもたちの要望に負けない

行事が大好きな子どもたち。とかくこの時期は、「先生、国語の授業をやめて運動会の練習がもっとしたいです」「来週学芸会の本番だから、算数よりも、合奏の練習をもっとしましょう」というようなことを、多くの子どもたちが口にしがちです。

一見すると、子どもたちが主体的になって、行事を成功させようとしているのだから、すばらしいことだと思われるかもしれませんが、私はこうした子どもたちの声は絶対に聞かないようにしています。もちろん、教師自身が行事の準備や練習に緊急性を感じ、予定を変更してその時間にあてるという判断を下すのは問題ないと思いますが、子どもたちの声に一方的に寄り添い、必要もないのにそこに時間を費やすことは大変危険です。

なぜなら、理由をつけて国語や算数といった教科の学習から逃げることに成功した子どもたちは、**学校行事という目標があるうちはよいですが、それらが終わった後、一気に学習への意欲を失ってしまうから**です。

実際私自身も、若かりしころ、こうした子どもたちの声に押されて、一定期間ほとんど授業を進めず、学芸会の準備や練習ばかりに時間を費やしたことがありますが、学芸会本番が終わった後、一気に子どもたちのモチベーションが下がり、再び学習への意欲を取り戻すのに苦労した経験があります。
では、子どもたちからこうした声が上がった場合、どうすればよいのか。
私の場合は、次のようにユーモアを交えながら返すようにしています。

〈児童A〉先生、午後から国語や算数の授業をやめて、学芸会の劇の練習をしませんか?
〈児童B〉賛成! そうしましょう!
〈教　師〉そうかぁ。みんな何としてでも成功させたいのですね。そのやる気は本当にすばらしいですね。でもどうしようかなぁ。授業内容は絶対に終わらせなくてはいけないからなぁ。みんなが冬休みも学校に来て、大晦日もお正月もぜ~んぶ学校に来て授業を受けてくれるならいいですよ。そうする?
〈児　童〉いや、それは…。先生、やっぱり授業を進めてください!

行事を成功させようとする子どもたちの意欲をほめつつ、冗談で返す。こうした返しのうまさも教師には求められます。

読書で子どもたちを落ち着かせる

「読書の秋」を使わない手はない

前項で「静」と「動」の大切さについて述べました。学校行事で子どもたちが活発に「動」く時期だからこそ、「静」を意識して子どもたちを落ち着かせる。学校のルールを徹底して守らせたり授業を計画通り進めたりすることもありますが、このほか、読書活動を充実させて子どもたちを落ち着かせるという方法もあります。

拙著『学級システム大全』でも述べましたが、私の学級（学校）では、朝の時間に10分間程度の読書タイムを設けています。行事が増えて、教師も子どもたちも慌ただしくなる10月や11月は、特にこの読書タイムを重視しています。全員が席に着いて黙って本を読む。これだけでも学級はかなり落ち着きます。

また、読書に関わる学習やイベントもこの時期に特に重視しています。いくつか例を示すと、以下のような内容です。

○読書コンテスト（1か月で一番多く本を読んだ子を表彰。ページ数で競い合う）
○読書スピーチ（朝の会や帰りの会でおすすめの本を1人ずつ紹介する）
○ビブリオバトル（おすすめの本を紹介し合う知的書評合戦）
○本の読み聞かせ（朝の会や国語の時間の最初に教師が本の読み聞かせをする）
○本の帯やポップづくり（おすすめ本の帯やポップを作成する）　　など

このほか、教師がおすすめする本を、朝の会や帰りの会などで紹介する活動もおすすめです。たちまち子どもたちは本を読むことに夢中になるでしょう。

なお、行事で少し子どもたちの落ち着きがなくなってきた、そわそわしてきたと感じ始めたら、**国語の授業の最初の10分間などを、読書の時間にあてることもおすすめ**です。

意図的に「静」をつくることで、落ち着いた雰囲気を生み出す。この時期だからこそ、積極的に読書活動を進めていきましょう。

大きな行事が終わった後の声かけを大切にする

がんばりを評価しつつ、日常の楽しさ、大切さを改めて意識させる

運動会や学芸会、修学旅行などの大きな行事が終わった後、どうしても子どもたちは大きな虚無感を味わいます。すぐに次の目標をもたせることができればベストですが、なかなかいつもそう都合よくはいかないものでしょう。下手をすると、目標を失った子どもたちによって、そのままズルズルと学級が崩れることにもなりかねません。そこで大切なのが、やはり教師の声かけです。

私は、大きな行事が終わった後、はじめて子どもたちが登校する日の朝の会で、必ずその行事を取り上げて、子どもたちをしっかりとほめるようにしています。例えば、次のような声かけです。

「運動会、本当にお疲れ様。みんなのがんばりは本当にすばらしかったですよ。他の先

生方も、応援に来てくれた保護者や地域の方も、みんなが『すごくがんばっていた』『かっこよかった』とおっしゃってくださいました。そして今朝、みんなが少し疲れた感じで学校に来るのかと思っていたら、みんなが気持ちよくあいさつをしてくれました。一つひとつの行事を通して、みんなが成長しているなぁとうれしく思いました。また今日からもみんなでがんばりましょうね」

このように、**新しいスタートを切ろうとする子どもたちの具体的な姿を取り上げ、しっかりとほめることが大切**です。

この日は、授業でしっかりと子どもたちを活躍させたり、休み時間にみんなで一緒に遊んだりする時間も大切にします。当番や掃除の時間も、どんどん子どもたちのがんばっている姿を見つけて、ほめるようにしましょう。そして帰りの会でまた、このことをしっかりとほめます。そうすれば、大きな行事が終わった後でも、それほど大きく子どもたちが崩れることはありません。普段から子どもたちをしっかりほめるようにしていますが、私はこのタイミングでの声かけを特に大切にしています。

失敗や苦い経験も、教師次第で子どもの成長を促すことができる

運動会や学芸会、修学旅行などの行事は子どもたちにとって一大イベントであるため、なんとか成功するように、私自身も最大限努力をしています。しかし、年によっては、大きな失敗をしたり苦い経験になったりすることが、どうしてもあるものです。

実際に私が担任したクラスでも、修学旅行が残念ながら大雨だったということがありました。大きな事故は起きませんでしたが、見学する先々でどしゃぶり、服はびしょ濡れで、散々の2日間でした。この旅行後、私が子どもたちに伝えたのは次のような話です。

「修学旅行は先生も経験したことがないような大雨。でも、なんだか今まで行った修学旅行の中で、一番心に残る旅行でしたよ。旅行に行って、あんなにずぶ濡れになるなんて、思い出しただけで笑ってしまいます。そして、そんな中でも2日間笑顔だった君たちはすごい！　日本一、いや世界一ポジティブで明るいクラスだと誇りに思います！」

この話の後、子どもたちがすごく笑顔になったのを覚えています。

教師の言葉1つで、マイナスもプラスに変えられます。どんなときでも、教師はポジティブでありたいものです。

3章

12月

学級独自の
イベントで
創意工夫を促す

❸「失敗大歓迎」という広い心で、子どもに任せきる

全校に関わる学校行事や児童会行事など、失敗が許されないものもありますが、クラスで行うイベントは、少しぐらい失敗してもそれほど困ることはありません。むしろ、早い段階で失敗を経験した方が、本当の意味での企画力・段取り力が育つものです。安全に関わる問題以外は、「失敗大歓迎」という広い心をもち、子どもたちのがんばりを静かに見守りましょう。

❹教師からのプレゼント＆１人ひと言で会を締めくくる

イベントがうまくいってもいかなくても、最後は笑顔で終われるように、教師からのささやかなプレゼントを用意しておきましょう。また、「１人ひと言タイム」を設け、みんなで２学期を振り返る時間を設ければ、一層団結力や仲間意識を高めることができます。

1
学級オリジナルイベント

ポイント

❶どんなイベントをしたいか子ども自身に考えさせる

学期末となるこの時期に、お楽しみ会などの学級オリジナルイベントを仕組みます。子どもたちを楽しませるために、担任が中心になって企画するイベントも考えられますが、子どもたちの企画力・実行力を高めるためにも、子ども自身に企画させた方が得策と言えます。スポーツ大会、漫才大会、のど自慢コンテスト…など、内容は何でもかまいません。子どもたちのアイデアをしっかりと生かし、オリジナリティあふれるイベントを行わせましょう。

❷イベント成功に向けて、チームを組織する

実行チームをどのように編成し、いかにチームで協力して準備に取りかからせるかが、イベント成功のカギとなります。司会進行チーム、出し物チーム、飾りつけチームなど、１人ずつ役が行き渡るように、細かく仕事を分担します。各チームのリーダーを決めて、ときどきリーダー会を行わせることも考えられます。

どんなイベントをしたいか子ども自身に考えさせる

子どもに企画させた方が絶対に教育的効果は大きい

学期末にお楽しみ会などのイベントを行っている学級も多いと思います。こうしたイベントは、クラスの仲間意識を高め、よりよい人間関係を育むうえで、とても大切なことだと考えます。

ポップコーンづくりや体を動かすレクリエーションなど、よく教師が中心になってイベントを企画し、すべて教師主導のもとに行われているイベントを目にします。もちろん、これはこれで、教師と子どもとの信頼関係、子ども同士の人間関係を育むうえで、一定の教育的効果はあるでしょう。しかし、こうしたイベントは、子どもの企画力・実行力を育てる絶好の機会です。ぜひとも子ども中心で内容を企画させることをおすすめします。

12月の上旬、「あと1か月で2学期も終わりますね。最後に何か楽しいことをしたいなぁ」とつぶやいてみましょう。とたんに子どもたちは、「お楽しみ会をしましょう!」「ドッジボール大会をしましょう!」などと目を輝かせます。そこで、「イベントをするのはいいことですね。でもせっかくだから、自分たちで企画してごらん」と投げかけます。学級活動の時間に、どんなイベントをしたいか、自由にアイデアを出させます。

私のこれまでの経験では、以下のようなイベントが実際に企画されました。

○お楽しみ会(班ごとに出し物をして楽しむ)
○スポーツ大会(ドッジボール大会、バスケットボール大会など)
○漫才大会・大喜利大会(漫才のネタや大喜利のおもしろさを競う)
○カラオケ選手権(歌のうまさを競う)
○百人一首大会(トーナメント方式で、百人一首最強王を決める)

どれも子どもたちの企画のもと、大盛り上がりでした。**子どもたちからしっかりとアイデアを引き出し、思い切って取り組ませてみることが大切**です。

イベント成功に向けて、チームを組織する

実行チームを組織し、定期的にリーダー会を仕組む

イベントを成功させるためには、実行チームをいかに組織するかがカギになります。イベントの大まかな内容が決まったら、早速「このイベントを成功させるためには、どんな仕事が必要か」を子どもたちに考えさせ、そのための準備を行うチームを組織します。

例えば、司会進行を行うチーム、ゲームの準備や説明を行うチーム、出し物をして会を盛り上げるチーム、飾りつけを担当するチーム、音楽やBGMを担当するチームなどが考えられます。だれが、どのチームに所属するかについては、基本的に子どもたちのやりたいことをやらせてあげましょう。もしも人数に偏りがあった場合は、チームを再構成するなど、臨機応変に対応します。詳しくは、次ページの板書例を参照してください。

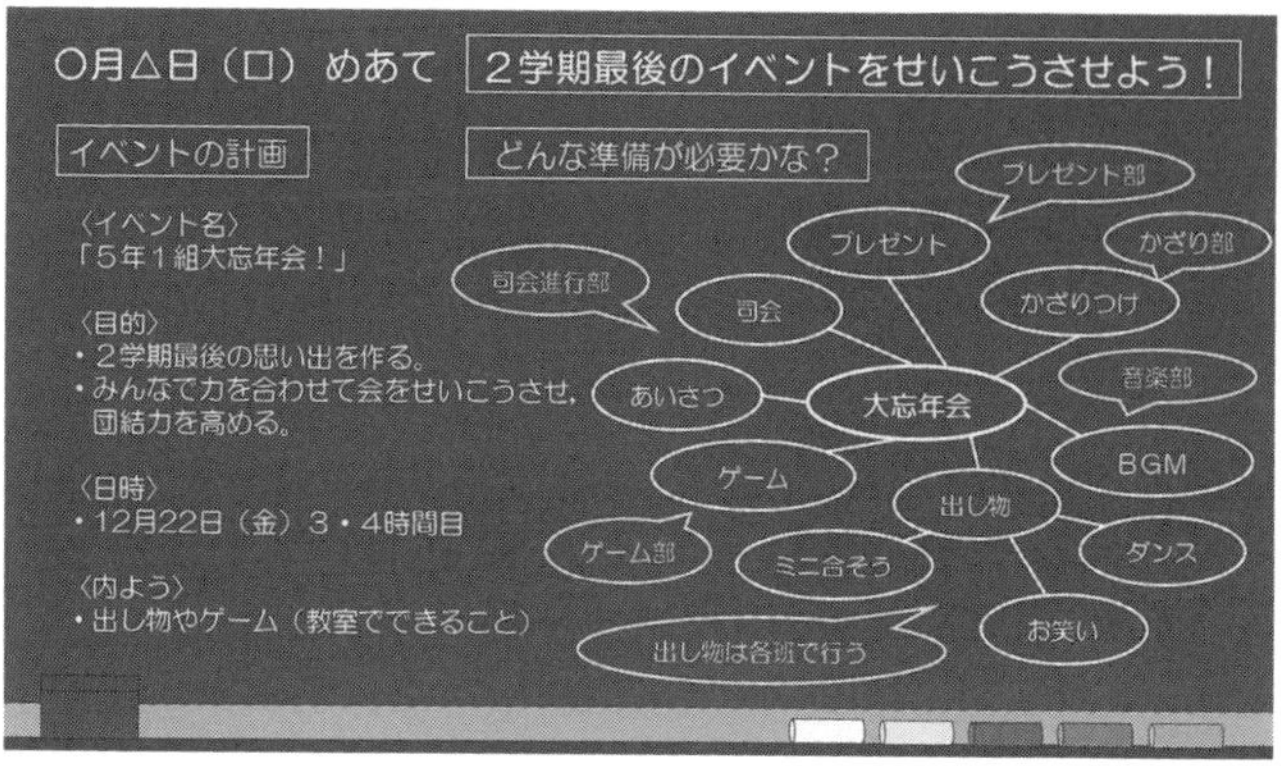

イベント内容と役割分担が決まったら、早速チームごとに準備を行わせます。授業時間の確保に限界があれば、必要に応じて、休み時間も活用して準備に取り組ませます。画用紙や折り紙など、必要な材料については、教師もしっかりと支援を行います。

なお、各チームでリーダーを選出させ、定期的にリーダー会を行うという方法もあります。以前担当したクラスでは、このリーダー会で、ある子が「飾りつけ係の準備が本番に間に合いそうにないので協力してほしい」と発言したところ、他チームが積極的に応援に回るという流れになりました。子どもたちが、互いに助け合いながらイベントを成功させようとする姿に非常に感銘を受けたことを覚えています。**子ども主体のイベントは、企画力や実行力のみでなく、仲間意識を育てることにもつながります。**

「失敗大歓迎」という広い心で、子どもに任せきる

教師の手助けは無用と割り切る

子どもが主体となって企画し、実行するオリジナルイベント。当然、何もかもがうまくいくはずはありません。ゲームのルールが曖昧で盛り上がらない、出し物がまったくウケない、段取りが悪く進行がモタモタする…。こうした失敗は、どの学年でも、どのようなイベントでも必ず起こり得ることです。

私の場合、こうしたうまくいかないことがあっても、本番は極力手助けをしないようにしています。もちろん目の前でけんかが始まったり、危険と思われることが起こったりした場合は別ですが、そうした場合を除き、極力何があっても静観するようにしています。

なぜなら、**失敗は子どもたちの大きな財産になる**と考えているからです。

以前3年生を担任したときに、1学期末、2学期末、3学期末と、年に3回学級のイベントを実施しました。1学期のイベントから子ども主体で行わせましたが、正直内容はグダグダで、お世辞にもうまくいったとは言えませんでした。子どもたちには「よくがんばったね」とほめて会を締めくくりましたが、どの子の表情にも、やや落胆があったように記憶しています。

すると、数か月後の2学期のイベントで驚くことが起こりました。子どもたちが話し合いの段階から、「1学期のお楽しみ会は司会がモジモジしていたので、きちんと話す練習をしておいた方がいい」「1学期はけんかが起きたから、ゲームのルールをもっと工夫した方がいい」といった意見を積極的に出していたのです。結果は大成功。3学期のイベントでは、さらに自分たちでよりよい会にしようとする工夫が見られました。

余談ですが、この子たちが数年後高学年になったときに、学校のリーダーとして、実に様々なことを企画し、全校を堂々と動かしていたことを覚えています。**学級イベントで培った力は、児童会活動にもつながる**のだと強く実感しました。

もちろん、うまくいってもいかなくても「お互いに笑顔で盛り上げよう」という約束は事前に確認しておくことが大切です。広い心で本番の様子を見守りましょう。

教師からのプレゼント&1人ひと言で会を締めくくる

うまくいかなかったとしても、最後は笑顔で終われるように

前項で本番は極力手助けをせず、静かに会を見守ると述べましたが、会の終わりには、教師からちょっとしたサプライズを用意するようにしています。

例えば12月のイベントでは、私はよく会の最後にサンタクロースの格好をして、子どもたちにプレゼントを届けるという演出をしています。司会進行役の子に、「最後の先生の話のときに、先生がいない状況をつくっておくので、慌てたふりをして、近くの空き教室に呼びに来てください。ただし、このことは絶対に他の子には内緒にしておくこと」と打ち合わせをしておきます。実際にイベントが終わりに近づいたころ、だれにも気づかれないように教室を抜け出し、着替えをして待ちます。

司会進行の子が迎えに来たら、「メリークリスマス！」と言いながら教室に飛び込みます。これだけで、教室は大盛り上がりです。そして、「2学期をがんばったきみたちにプレゼントを持って来ました！」と言いながら、子どもたちにプレゼントを配ります。プレゼントはささやかなお菓子やジュースなどで十分でしょう。紙コップにジュースを入れて、みんなで乾杯。どんなにイベントがうまくいかなかったとしても、この演出1つで全員が笑顔に包まれるでしょう。

なお、最後はみんなで円をつくり、1人ひと言2学期の感想を述べる時間を設けます。

「ぼくが2学期で一番楽しかったのは、運動会です。ダンスが成功してよかったです」

「私は学芸会が心に残りました。劇は緊張したけど、すごく楽しかったです」

「今回のお楽しみ会が一番心に残りました。出し物でみんなが盛り上がってくれて、すごくうれしかったです」

一人ひとりのコメントには、全員で拍手を送ります。最後はもちろん教師自身もコメントを述べて、会を締めくくります。**2学期の子どもたちのがんばりや、今回のイベント成功に向けて力を合わせて取り組んだことなどをしっかりとほめてあげましょう。**子どもたちの心が一層育まれるよい機会になると思います。

❸個人懇談では、どの子もとにかくほめる

2学期末の個人懇談。担任として保護者に伝えるべきことはたくさんありますが、どんな子であっても、保護者の前ではほめた方が効果は大きいものです。我が子のことをほめられてうれしくない保護者はいません。また、我が子がほめられれば、気分よく懇談を終え、その恩恵は当然子どもたちに向かいます。家庭でもたくさんほめられることで、3学期から一気に学習意欲や生活態度が向上することも珍しくありません。

❹オリジナルの年賀状で3学期初日を演出する

担任している子どもたちには、毎年必ず年賀状を送るようにしています（喪中のご家庭の場合は、寒中見舞いという形で送っています）。おすすめは、クイズを出して、3学期の授業開きでその答えを発表するという方法です。私のとっておきの年賀状のネタはクロスワード。学習内容やクラス共通のネタ、思い出などを盛り込むことで、3学期初日から子どもたちが学校に行くのが楽しみになるようなしかけを施しています。作成は大変ですが、効果は絶大です。

2
冬休み前

ポイント

❶冬休みを意識させ、残った課題を一気に終わらせる

クリスマスや大晦日、お正月と、子どもたちは冬休みを非常に楽しみにしています。プレゼントやお年玉への期待に胸をふくらませている子も多いことでしょう。２学期中に終わらせなくてはならない課題がたくさんあり、教師も子どもも大変な時期ですが、「これが終われば楽しい冬休み！」を合い言葉に、なんとか集中力を持続させます。特におすすめなのが、「漢字パーフェクト」「計算パーフェクト」などの取組です。全員合格を目指して、しっかりとがんばらせましょう。

❷冬休みの課題は早めに配付して自由に取り組ませる

私の場合、冬休み１週間前には、宿題をすべて配付するようにしています。そして日々の宿題に加え、自由にどんどん進めてよいことを伝えます。私の経験上、冬休みにゆっくりしたいという思いから、ほとんどの子どもたちがものすごいペースで宿題を終わらせます。

冬休みを意識させ、残った課題を一気に終わらせる

「これが終われば楽しい冬休み！」を合い言葉に集中力を高める

クリスマスや大晦日、お正月など、冬休みは楽しみな行事がたくさんあります。私自身が小学生のころは、夏休みよりも冬休みの方がずっと楽しみでした。家庭にもよりますが、プレゼントやお年玉への期待を胸にふくらませている子も多いことでしょう。

このように、楽しみがいっぱいの冬休み。教師として、これを利用しない手はありません。2学期末はテストやドリル、ワークなど、やり残している課題がたくさんあると思います。また、最低限定着させなければならない漢字や計算なども山積みでしょう。これらの課題を「これが終われば楽しい冬休み！」としてリストアップします。このリストを示す時期は、12月上旬がおすすめです。

このリストは、**1つ終わるたびに線を引いて消していきます。**「あと4つ！」「あと3つ！」とカウントダウンしていくと、取組が加速します。不思議なもので、少しぐらい大変な課題であっても、「これが終われば楽しい冬休み！」という合い言葉1つで、子どもたちは俄然やる気を出すようになります。

なお、この時期に行う「漢字パーフェクト」「計算パーフェクト」等の取組もおすすめです。「90点以上で合格！」などの合格ラインを設け、合格するまで何度もそのプリントに取り組ませます。合格したら自由にシールを貼らせて、達成感を味わわせます。

これが終われば楽しい冬休み！

①国語・社会・算数・理科のテストをすべてやりきる！！

②2学期の漢字ドリルをすべて終わらせる！

③2学期の計算ドリルをすべて終わらせる！

④漢字パーフェクトプリントすべて合格！

⑤算数パーフェクトプリントすべて合格！

⑥つくえやロッカーの整理整とん！

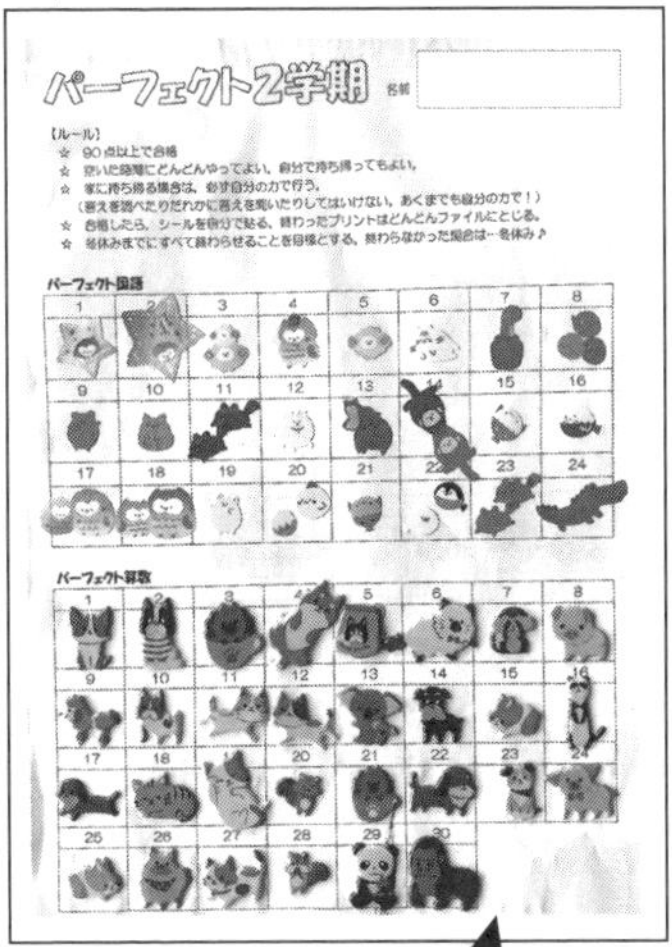

2学期末の「漢字・計算パーフェクト」カード。教室内の棚にプリントを用意しておき、合格するとシールがもらえます。「これが終われば楽しい冬休み！」を合い言葉に集中してがんばらせます。

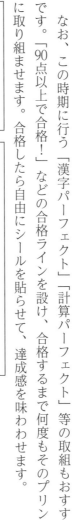

冬休みの課題は早めに配付して自由に取り組ませる

子どもたちも冬休みぐらいはゆっくりしたいもの

冬休み帳（市販のワーク）に漢字ノート、計算ドリルなど、冬休みも夏休みと同様に、様々な宿題を出すと思います。驚かれるかもしれませんが、私の場合、冬休みまで残り1週間ぐらいになったタイミングで、これらの宿題を配付、もしくは伝達し、自由に取り組んでよいことにしています。日常の宿題も極力少なくし、極端な場合、2学期最後の1週間は、日記（私の学級では日記を毎日の宿題にしています）と冬休みの宿題のみにすることもあります。その1週間は、内容もページ数も自由。つまり、どれだけやってもかまわないですし、まったくやらなくても問題ありません。ただし、無理し過ぎる子が稀にいるので、「夜は何時まで」というきまりも設けています。

「それでは冬休みの宿題ではないのでは？」と思われた方も多いと思います。ですが、私たち大人がそうであるように、子どもたちも冬休みぐらいはゆっくりしたいものです。また、ダラダラする中で行う学習と、「冬休みにゆっくりしたいから」という強い思いで、集中して取り組む学習とでは、案外後者の方が学習効果は高いのではないかと考えます。

また、2学期のまとめや個人懇談会の準備などで多忙な私たち教員にとっても、1週間通常の宿題をチェックしなくて済むというのは、ありがたいことです。

もちろん子どもたちの中には、「冬休みになってからゆっくり宿題に取り組みたい」という子も稀にいます。その場合は、その子の計画で、自由に取り組ませればよいと思います。また、個人懇談会で「先生、うちの子は冬休みになる前に『全部終わった！』と喜んでいるのですが、大丈夫でしょうか？」と相談されることもありますが、その際は、「大丈夫です。この1週間、本当に遊ぶのも我慢してがんばったみたいですから。時間が空いた分、ご家庭でしっかりとお手伝いをさせてください」と伝えるようにしています。

なお、**学級単独で行うと、他のクラスとの間に不公平感が生まれるので、学年間でよく相談のうえ、宿題の配付時期を決めるようにしてください。**

個人懇談では、どの子もとにかくほめる

子どもも保護者もほめられたい

読者の先生方のクラスに、非常に課題が多い子がいるとします。宿題はまったくやってこない、学校のルールを守らない、友だちとよくトラブルを引き起こす…。こうした子はクラスに一定数いるものですが、その場合、間違っても「個人懇談はチャンス！　保護者にその子の悪いところを一気に伝えよう」と思わないことです。

保護者の立場に立ってみてください。せっかく個人懇談で学校まで足を運んだのに、我が子の悪いところを散々聞かされたら、「懇談に来てよかった」と思えるでしょうか。何より悪いことばかりを聞かされた保護者は、必ず家に帰ってから、我が子への当たりが厳しくなるでしょう。それでその子の問題が改善するとは到底思えません。

私は、むしろ反対に**課題が多い子だからこそ、その子のよいところをしっかりと保護者に伝えるのが担任の務め**だと思います。どんな子にも必ずよいところがあります。例えば、その子の正義感が垣間見えた瞬間のエピソード、トラブルを起こしてもすぐに謝って反省するところなど、たくさんのよいところを伝え、大げさにほめて伝えるようにしましょう。

以前課題の多い子のよいところをたくさん保護者に伝えたところ、「我が子のことでこんなにほめてくださったのは先生がはじめてです」とうれしそうに教室を後にされました。その後、きっと家に帰ってから、我が子にそのことを伝えたのでしょう。するとびっくり。3学期からその子が、見違えるように家庭学習に取り組むようになり、生活態度も一変したのです。このようなケースは稀かもしれませんが、やはり対子どもであっても、対保護者であっても、ほめることは何より大切だと考えます。

もちろん、担任として、その子に改善してほしいことは保護者に伝えるべきだと思います。ですが、マイナスな内容は極力最小限とし、**先によいところをたくさん伝えた後に、「こんなよいところがたくさんある○○くんですが、1つだけがんばってほしいことがあるので、協力してくださいますか」といった伝え方をするのが賢明**です。個人懇談でほめまくる、子どもをプラスに変えるちょっとしたテクニックと言えるでしょう。

オリジナルの年賀状で3学期初日を演出する

子どもたちを楽しませるために知恵を絞る

私には、教師になってから二十数年間、欠かさず続けていることがあります。それは、担任している子どもたち一人ひとりに年賀状を書くことです（喪中の子には「寒中見舞い」ということで、通常の葉書を出しています）。年賀状をもらってうれしくない子はいないでしょうし、同時に「年賀状をわざわざ届けてくれる先生」として、多くの保護者の信頼も得てきたような気がします。

新年のあいさつをする、一人ひとりにメッセージを書くといったオーソドックスな年賀状ももちろんよいと思いますが、**どうせ書くなら、子どもたちにとって楽しく、かつ3学期に学校に来るのが楽しみになる内容にしたいもの**です。

あけましておめでとう

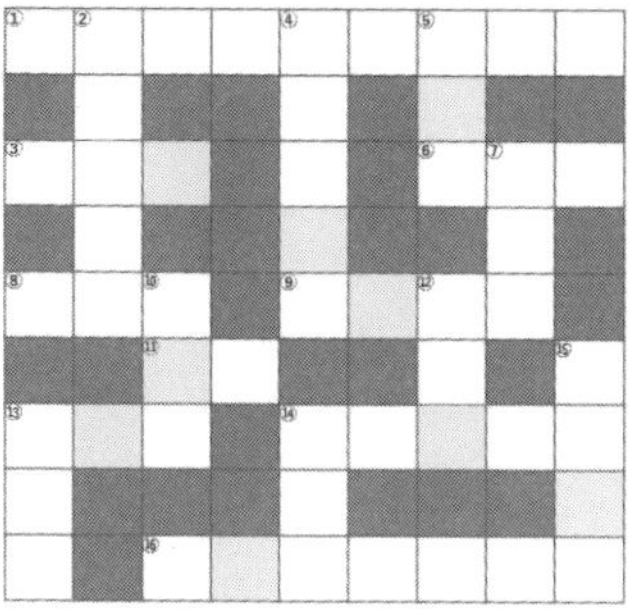

あけましておめでとう！
今年もよろしくお願いします。
さて，新春初クイズです。
クロスワードに挑戦してみてね♪

タテのかぎ
②海ぶどうの正式名は○○○○○。（みんなが調べたこと）
④発表会でみんなが最後に演奏した曲は？
⑤大久野島にたくさんいる動物といえば？
⑦大造じいさんががんをとるために，2年目にばらまいたもの。
⑩野外活動2日目午前中の活動。じいじが教えてくれたよ！
⑫「天空の城ラピュタ」といえばパズーと○○○
⑬5月～7月ごろに光る虫。実はおしりが光っている！
⑭人気のある○○○といえば，犬・ネコ・ハムスター・インコ！
⑮「蓮根」さて，何と読む？（ヒント：穴のあいた野菜）

ヨコのかぎ
①野外活動で行ったのは○○○○○○○○○自然の家！
⑤野外活動でみんなが作ったばんごはん♪
⑥有松先生のゆいいつのとくぎ？（ヒント：楽器）
⑧冬といえばやっぱりこれだよね。あったか～い♪
⑨山にいる動物。忠海もいるのかな？
⑪この形，何県？（ヒント：えびが有名）→→→→→

⑬魔女の宅急便のキキが乗っているもの。
⑭五角形を英語で言うと？
⑯有松先生が給食で一番苦手な食べ物・・・。
冷たすぎてかめません・・・。

黄色の部分の9文字を並べかえてできる言葉は何？
クラスの半分以上が正解すると，全員にちょっとしたプレゼント！
（プレゼントの内容はお楽しみに♪）

5年1組担任　有松先生より

私のとっておきの年賀状ネタは、オリジナルのクロスワードです。縦のカギ、横のカギの答えは、授業で学習した内容やクラス共通のネタ、思い出などにします。つまり、クラスの子しか答えられないような問題をたくさん盛り込むのです。最終的には、いくつかの文字を組み合わせると、あるキーワードが出るようにしかけます。「このキーワードをクラスの○割以上が正解すると、3学期に初日にプレゼントがある」と年賀状で伝えます。これで3学期が楽しみにならない子はいません。次章で詳しく解説するので参照してください。

このクロスワードをつくるのは、毎年数時間かかり、頭を悩ませますが、私のちょっとした楽しみになっています。もしも興味がおありでしたら、ぜひ取り組んでみてください。

年賀状作成を冬休みの宿題にするのもおすすめ

最近はメールやＳＮＳで新年のあいさつを済ませる方が圧倒的に多くなってきました。私が子どものころは、もちろんこのような習慣はなかったので、時代は変わったなとつくづく感じます。時代の変化に伴い、子どもたちがだれかに手紙や葉書を出すという習慣も失われつつあります。だからこそ、こうした冬休みの機会を利用して、年賀状を書くことを経験させるというのも、１つの方法かもしれません。

私はよく、２学期末に子どもたちに年賀状を配付し、冬休みの宿題で取り組ませるようにしています。宛先は自由、レイアウトも自由です。書写の教科書によく年賀状の例が掲載されているので、それを参考にさせてもよいかもしれません。

全員ではないですが、毎年子どもたちから私の自宅に多数の年賀状が届きます。先日は、授業で行った絵手紙の学習を生かして、ある子から絵手紙の年賀状が届きました。こんなやりとりができるのも、教師の仕事の醍醐味かなと思います。

4章

1月

残り3か月を
しっかりがんばり抜く
意欲を高める

❸初日は新年らしく書き初めを行う

3学期初日は、新年らしく、書写の時間に書き初めを行うのがおすすめです。初日から一気に集中力を高め、達成感を味わわせることができます。書き初め競書会が翌日以降に学校行事として設定されている場合は、練習日として、その時間を活用してもよいと思います。音楽をかけながら、1時間、教師も一緒に書き初めを楽しみましょう。

❹一日中子どもたちをほめてほめてほめまくる

「2学期開き」と同様に、3学期の初日に最も大切にすべきことは、子どもたちをとにかくたくさんほめることです。始業式の後、授業中、給食時間、掃除時間など、子どもたちをほめるチャンスはたくさんあります。

その中でも特に大切にしたいのが、下校前の先生の話です。一日を振り返って、子どもたちの具体的な姿を取り上げながらしっかりとほめ、同時に初日からがんばってくれた子どもたちに感謝の気持ちを伝えましょう。

1

3学期開き

ポイント

❶初日はとにかく明るい雰囲気づくりに力を注ぐ

冬休みが終わり、3学期のスタートです。夏休み明けほどではないものの、長期の休みを終えた子どもたちは、なんとなく朝から元気がないものです。ここでは、教師が一番元気を出し、明るい笑顔で子どもたちを迎えてあげましょう。

最初の1時間のおすすめは、夏休み同様、冬休みの思い出を交流することです。教師自身も、写真を提示しながら、ユーモアたっぷりに思い出話をしてあげましょう。

❷年賀状の答え合わせで初日を盛り上げる

冬休みの思い出トークが終わったら、いよいよ「年賀状クイズ」の答え合わせに移ります（「年賀状クイズ」については第3章を参照してください）。子どもたちへのプレゼント券が入ったお年玉袋を3つ用意し、子どもたちに選択させます。中身は「お土産券」「1時間ドッジボール券」「宿題なし券」です。子どもたちとの楽しい駆け引きを通して、初日からクラスを一気に盛り上げます。

初日はとにかく明るい雰囲気づくりに力を注ぐ

教師が明るければ、子どもも活力を取り戻す

冬休みが終わり、いよいよ3学期のスタートです。夏休みほどの長さではないですが、2週間以上家でゆっくり過ごした子どもたち。**多少は朝から元気がなくても当然とわりきりましょう。**夏休み明け同様、そんな子どもたちを元気づけるのは、やはり教師の元気と明るさ以外にありません。「おはよう、久しぶり！」「冬休みはどこかへ行った？」「お年玉はもらえたの？」といった声かけをしっかり行い、朝から子どもたちとしっかりとコミュニケーションを取るようにしましょう。

また、冬休みは登校日がないため、宿題ができているかどうかは、始業式の日になってはじめて確認することになります。全員がきっちり宿題を提出できれば何も問題ないです

が、どの学級でも、宿題ができていない子が一定数はいるものです。これも想定内と割り切って、いつまでに提出できそうか、個別にしっかり対応するようにしましょう。必要であれば、保護者との連携も考えられます。間違っても初日から大声で叱責することがないように、とにかく朝から明るい雰囲気を保つことを第一に考えます。

有松先生の冬休み

冬休み

さっそくクイズ！
この冬休み、有松先生はどんな毎日をすごしたでしょうか。

A　ふだんと変わらない生活をした。
B　毎日はげしい運動をして，体をしっかりきたえた。
C　毎日ほとんど外に出ず，こたつでゴロゴロした。

正かいは・・・C！

朝から晩までこたつでゴロゴロ。
食べすぎ，飲みすぎで体重が
3kgもふえました・・・。
新年の目標はダイエットです・・・。

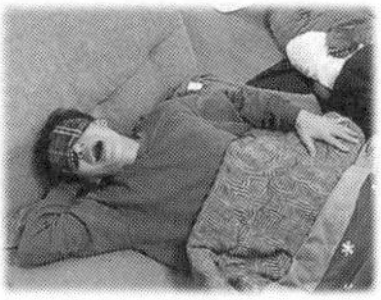

始業式が終わった後の時間は、夏休み明け同様、冬休みの思い出話から始めるのがおすすめです。クリスマスやお正月の思い出、家族旅行の思い出をうれしそうに語る子もいれば、ほとんど家でダラダラ過ごしたと話す子もいます。一人ひとりの話が終わった後は、大きな拍手を送り、和やかな雰囲気をつくっていきましょう。

なお、教師自身も、冬休みの思い出話を語るようにします。ここでは、写真やスライドを示しながら語るのがおすすめです。初日の出の写真、家族旅行の写真、特に何もなければ、家でダラダラ寝転ぶ写真などを提示してはどうでしょうか。きっと子どもたちに大ウケすると思います。

年賀状の答え合わせで初日を盛り上げる

3つのお年玉袋を用意する

冬休みの思い出話が終わったところで、いよいよお楽しみの時間です。冬休み中に一人ひとりに送った「年賀状クイズ」の答え合わせを行います（「年賀状クイズ」については、第3章を参照してください）。

まず、子どもたちに次のように話します。

「お楽しみの『年賀状クイズ』の答え合わせを行います。年賀状に書いたように、クラスの半分以上が正解するとプレゼントがもらえます。お金ではありません。そのプレゼントの中身は、このお年玉袋の中に入っています。お年玉袋は全部でA、B、Cの3つがありますが、その中から1つだけ自由に選ばせてあげます。もちろん全員で1つですよ」

このような説明を、3つのお年玉袋（学校に余っている古封筒で十分です）を黒板に貼りながら行います。なお、3つのお年玉袋の中には、左に示すようなカードを仕込んでおきます。

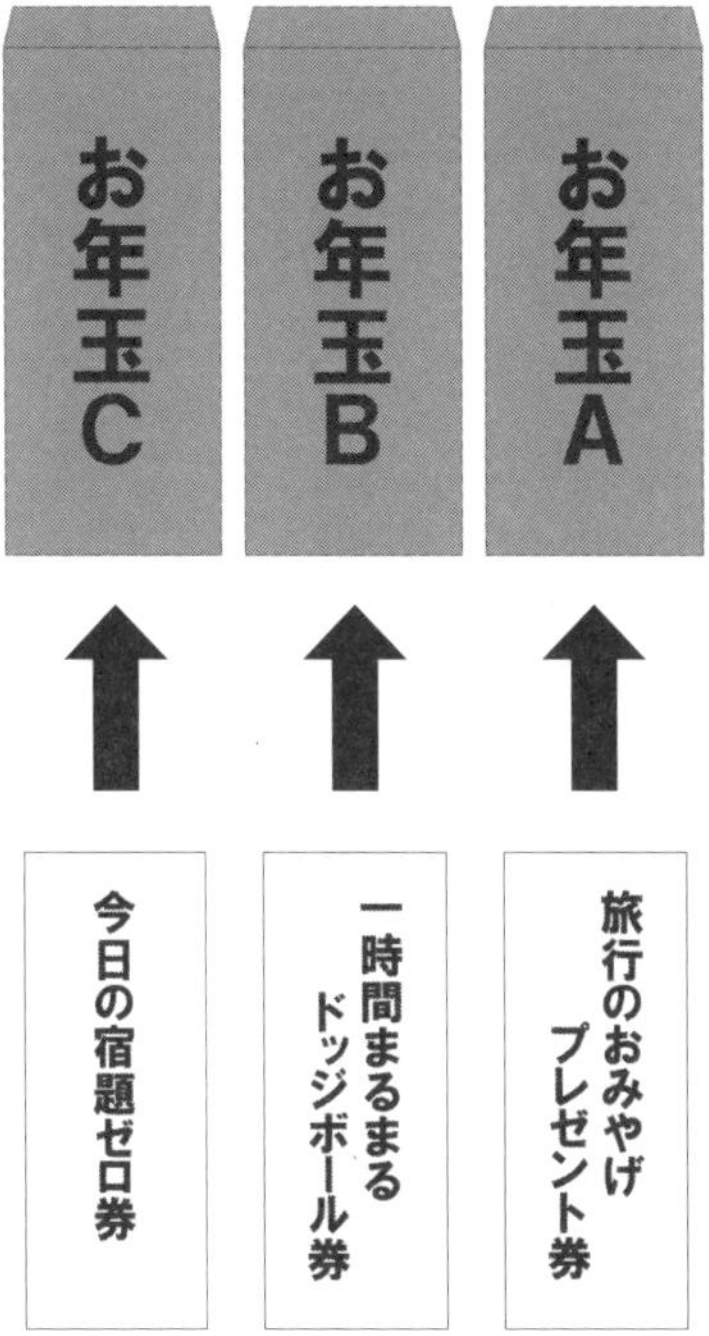
お年玉A
お年玉B
お年玉C
旅行のおみやげプレゼント券
一時間まるまるドッジボール券
今日の宿題ゼロ券

カードの内容は、もちろんまだ内緒です（内容はクラスの実態に応じて考えていただければよいと思います）。この段階で、子どもたちはドキドキワクワクです。プレゼントに期待感を抱かせたところで、いよいよクイズ（クロスワード）の答え合わせに移ります。

楽しくクイズの答え合わせを行う

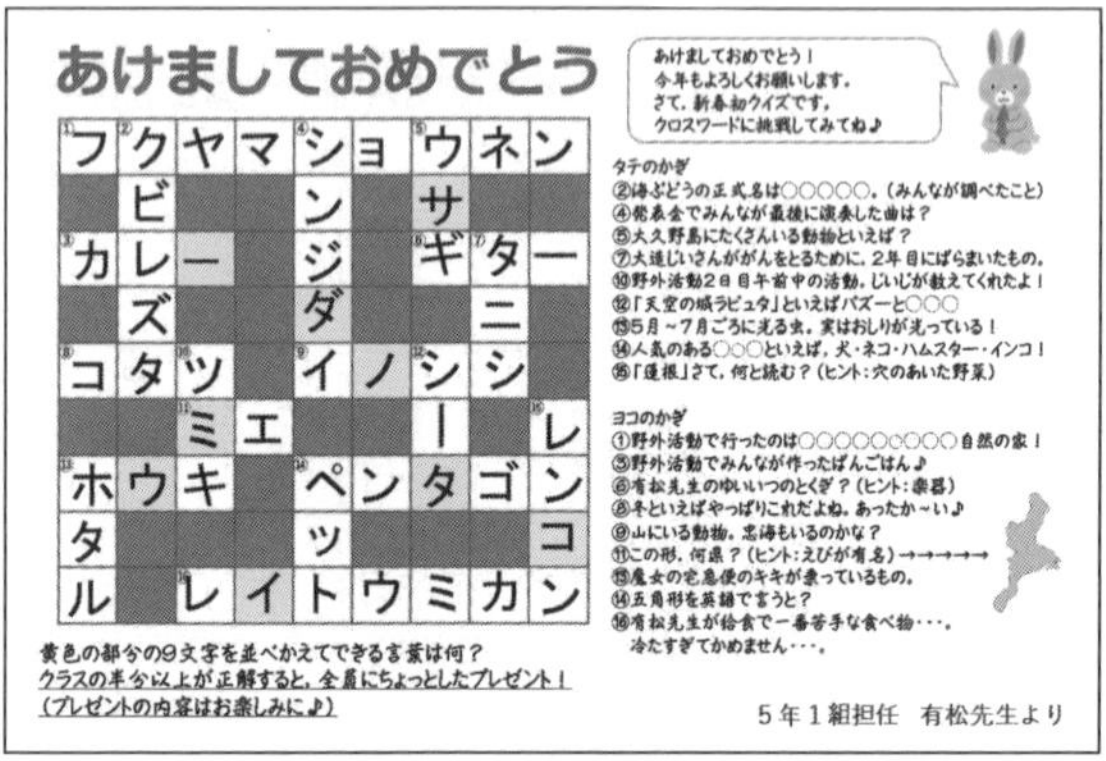

あけましてでとう

あけましておめでとう！
今年もよろしくお願いします。
さて、新春初クイズです。
クロスワードに挑戦してみてね♪

フ	ク	ヤ	マ	シ	ョ	ウ	ネ	ン
	ビ			ン		サ		
カ	レ	ー		ジ		ギ	タ	ー
	ズ			ダ			ニ	
コ	タ	ツ		イ	ノ	シ	シ	
		ミ	エ			ー		レ
ホ	ウ	キ		ペ	ン	タ	ゴ	ン
タ				ッ				コ
ル		レ	イ	ト	ウ	ミ	カ	ン

黄色の部分の9文字を並べかえてできる言葉は何？
クラスの半分以上が正解すると、全員にちょっとしたプレゼント！
（プレゼントの内容はお楽しみに♪）

タテのかぎ
②海ぶどうの正式名は○○○○○。（みんなが調べたこと）
④発表会でみんなが最後に演奏した曲は？
⑤大久野島にたくさんいる動物といえば？
⑦大造じいさんががんをとるために、2年目にばらまいたもの。
⑩野外活動2日目午前中の活動。じいじが教えてくれたよ！
⑫「天空の城ラピュタ」といえばパズーと○○○
⑬5月～7月ごろに光る虫。実はおしりが光っている！
⑭人気のある○○○といえば、犬・ネコ・ハムスター・インコ！
⑮「蓮根」さて、何と読む？（ヒント：穴のあいた野菜）

ヨコのかぎ
①野外活動で行ったのは○○○○○○○○○自然の家！
③野外活動でみんなが作ったばんごはん♪
⑥有松先生のゆいいつのとくぎ？（ヒント：楽器）
⑧冬といえばやっぱりこれだよね。あったか～い♪
⑨山にいる動物。忠海もいるのかな？
⑪この形、何県？（ヒント：えびが有名）→→→→→
⑬魔女の宅急便のキキが乗っているもの。
⑭五角形を英語で言うと？
⑯有松先生が給食で一番苦手な食べ物・・・。
冷たすぎてかめません・・・。

5年1組担任　有松先生より

子どもたちに解答用紙（小さな紙切れで十分です）を配付し、キーワードを使って完成した言葉（今回の場合は、「タダノウミサイコー」が正解）を書かせます。もちろん答えがわからない子もいて当然です。その場合は、「わかりません」と書くように指示しましょう。なお、私の経験上、**子どもたちは学校で顔を合わせたときから、クロスワードの答えをお互いにこっそり共有しているものです。**こちらとしてはクラスを盛り上げるために、是が非でも正解させたいのですから、むしろありがたいことです。その後、画面を使って、クロスワードの解答を一つひとつ示していきます。「タテ1、この答えは？」「ウサギ！」のようなやりとりをしながら、楽しく答え合わせを行いましょう。

駆け引きを楽しみながら、結局3つともプレゼントする

答えを明らかにしたところで、事前に提出させた「解答カード」を1枚1枚読み上げます。クラスの半数以上が正解であればプレゼントがもらえるので、子どもたちは大盛り上がりです。黒板に正の字を書きながら、正解者をカウントしていきます。

「正解者は…、18人！　お見事！　プレゼントゲットです！」「やったー！」

教室は大きな拍手に包まれます。続いて、

「A、B、Cのどのお年玉袋にするか。これは多数決で決めます。新年初の運試しです。では、Aがいい人？　Bがいい人？　Cがいい人？　一番多かったのはBですね。では開けますよ～（もったいぶって開ける）。ジャジャン！『1時間まるまるドッジボール券』プレゼント！」

教室は大盛り上がりです。すると、私の経験上、ここで間違いなく子どもたちは次のように言います。

「先生、AとCの中身も見せてください！」

仕方なさそうな顔（演技）をしながら、AとCの封筒を開けます。

「Aは『先生の旅行のお土産ゲット！』、Cは『今日の宿題ゼロ券』でした」

すると、子どもたちからは、「そっちの方がよかった」「それもほしい！」といった反応が返ってきます。そこですかさず、

「えっ、これもほしいの？　どうしようかなぁ…。でも、タダであげるのもおもしろくないからなぁ。よし、ではこれから先生とのある勝負に勝ったら、このプレゼントもあげることにしようかな」

と、展開します。ここが最大のポイントです。**この勝負は、絶対に教師が負けるものをあえて用意する**のです。例えば、次のような勝負です。

○クラス代表の子が1分以内に先生を笑わせたら勝ち。
○代表者vs先生でけん玉勝負（クラスにけん玉名人がいる場合）。
○じゃんけん対決（全員が順番に先生と対決して、先生が3敗したらみんなの勝ち）。
○外で鬼ごっこ。全員が鬼で、だれか1人でも先生をつかまえたら勝ち。
○体育館でお相撲対決。全員対教師で行う。

このように、クラスの特定の子が活躍する対決、もしくはクラス全員で力を合わせる対決を設定し、教師が絶対に負けるように仕向けます。封筒は2つ残っているので、「これに勝てばA」「これに勝てばC」というように、2つの勝負を子どもたちと楽しむことができます。負けたときは、思い切りくやしそうな演技をして、クラスを盛り上げます。

その後、勝負に負けたのですから、教師は潔く（といっても、最初からその計画でしたが…）1時間ドッジボールの時間を確保し、その日の宿題はゼロにし、さらには子どもたち一人ひとりにお土産を配付します。もちろんお土産の場合、学校では絶対開けない、他のクラスや学年には内緒でこっそり持って帰るなどの約束を忘れないようにしましょう。

こうして初日から3つのお年玉（プレゼント）を手にした子どもたち。こんなことをしているうちに、冬休み明けのジメジメした雰囲気はどこかへ吹き飛んでしまいます。おすすめの取組ですので、ぜひ実践してみてください。

余談ですが、私はいつも子どもたちの喜ぶ顔が見たくて、このような手の込んだ企画をしています。準備はもちろん大変ですが、子どもたちの笑顔を見たときは、いつも「やってよかったな」という思いに浸ります。子どもの笑顔のために力を尽くす。これも教師の仕事の醍醐味と言えるでしょう。

初日は新年らしく書き初めを行う

初日から集中力を高め、達成感を味わわせる

担当学年にもよりますが、私の場合、3学期初日は、1時間目に始業式、2時間目に前項で示した学級活動（年賀状クイズの答え合わせ）、3時間目にもう1時間学級活動をとって3学期の目標や係決め、4時間目に算数などで楽しく盛り上がる授業を行います。そして午後からは、2時間書写の時間を確保して、新年らしく、書き初めを行います。書き初めは、新年の気分を味わうことに加え、初日から集中力を高め、かつ達成感を味わわせることができるからです。

学校によっては書き初め競書会が翌日以降に設定されている場合もあると思います。その場合は、この2時間を、本番前の練習時間として位置づけます。

書き初めといえば長半紙。となると、やはり床に長半紙を広げて書かせるのが得策です。可能であれば、机を下げて十分なスペースを確保した教室、人数的に難しければ、多目的広場や体育館などでの開催も考えられます（その場合、防寒対策が必要です）。

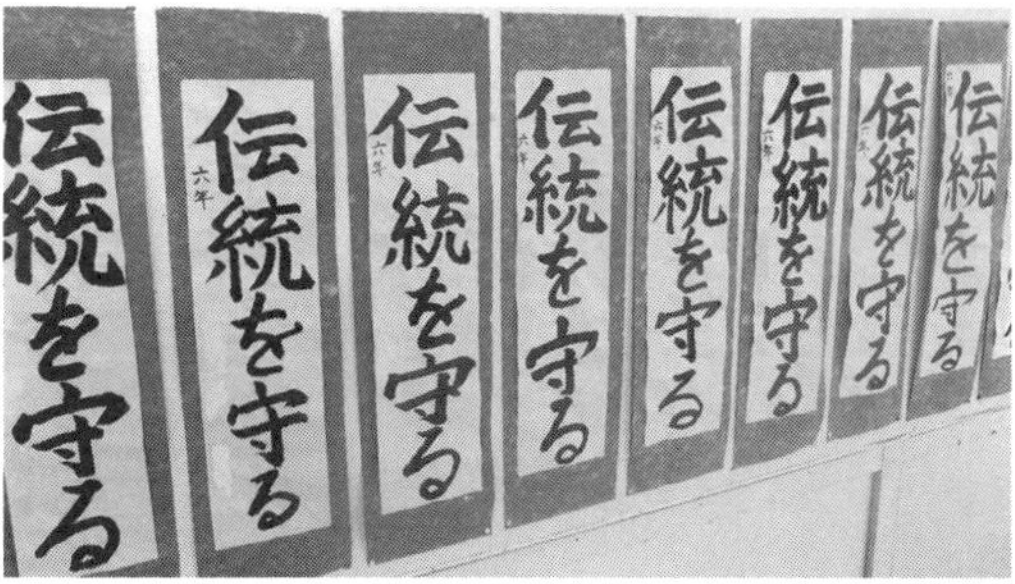

床に新聞紙を広げて準備し、時間内に何枚も挑戦させます。「○時になったら全員名前を書く」というように、時間を意識しながら各自のペースで取り組ませましょう。音楽（おすすめはやはり「春の海」です）をかければ、一層新年らしい雰囲気を高めることができます。

教師は一人ひとりに「すごい！　上手！」「文字のバランスがいいね！」とほめて回ったり、「半紙を折るとバランスがとれるよ」「もう少し文字を太くしてみようか」とアドバイスをしたりします。

完成した作品は、上の写真のように、雲華紙に貼って全員分を掲示します。可能であればぜひ教師も１枚書いて、子どもたちと一緒に新年の気分を味わってみてはいかがでしょうか。

一日中子どもたちをほめてほめてほめまくる

2学期開きと同様にやはり大切なのはほめること！

2章の「2学期開き」でも述べましたが、とにかく初日は子どもたちをほめることに重点を置きます。長い休みで崩れた生活のリズムや感覚を取り戻すのは、大人であっても容易ではありません。そんな子どもたちを元気づけ、やる気を引き出すには、やはり教師の声かけが何より大切となるでしょう。ここでは5つの場面に焦点を当てて、それぞれほめるべきポイントについて解説します。

①始業式の後でほめる

始業式後に、立ち方や礼の仕方、話の聞き方がよかった子を取り上げ、「がんばっていたね」「低学年の見本になっていたよ」などとほめる声かけを行います。

②授業中にほめる

３学期初日の授業から挙手できた子、自分の考えを言えた子、きれいなノートが書けた子をしっかりとほめてあげましょう。

③給食時間にほめる

これまでと同様に、きちんと配膳の準備や片づけができたことをしっかりとほめてあげます。「みんなのおかげで3学期もおいしく給食が食べられるなぁ」。こんなことをさりげなくつぶやいてみてはいかがでしょうか。

④掃除時間にほめる

３学期初日から掃除をがんばっている姿が見られれば、「ありがとう。みんなのおかげで久しぶりに教室や廊下がきれいになるね」と感謝の思いを伝えます。

⑤帰りの会にほめる

２学期開き同様に、一日の最後を子どもたちへの感謝の気持ちで締めくくります。

「今日は久しぶりにみんなに会えてうれしかったし、楽しくて一日があっという間でした。それから授業や給食当番や掃除など、初日からがんばるみんなの姿が見られて本当にうれしかったです。ありがとう」。

❸ルールを再々確認し、何か起きたら即話し合う

夏休み明け同様に、冬休み明けのこの1月も学級が崩れやすい時期。些細なことも見逃さず、しっかりと子どもたちに考えさせていくようにしましょう。キーワードは「その行動は次の○年生としてふさわしいか」。常に次の学年を意識して行動させることが大切です。

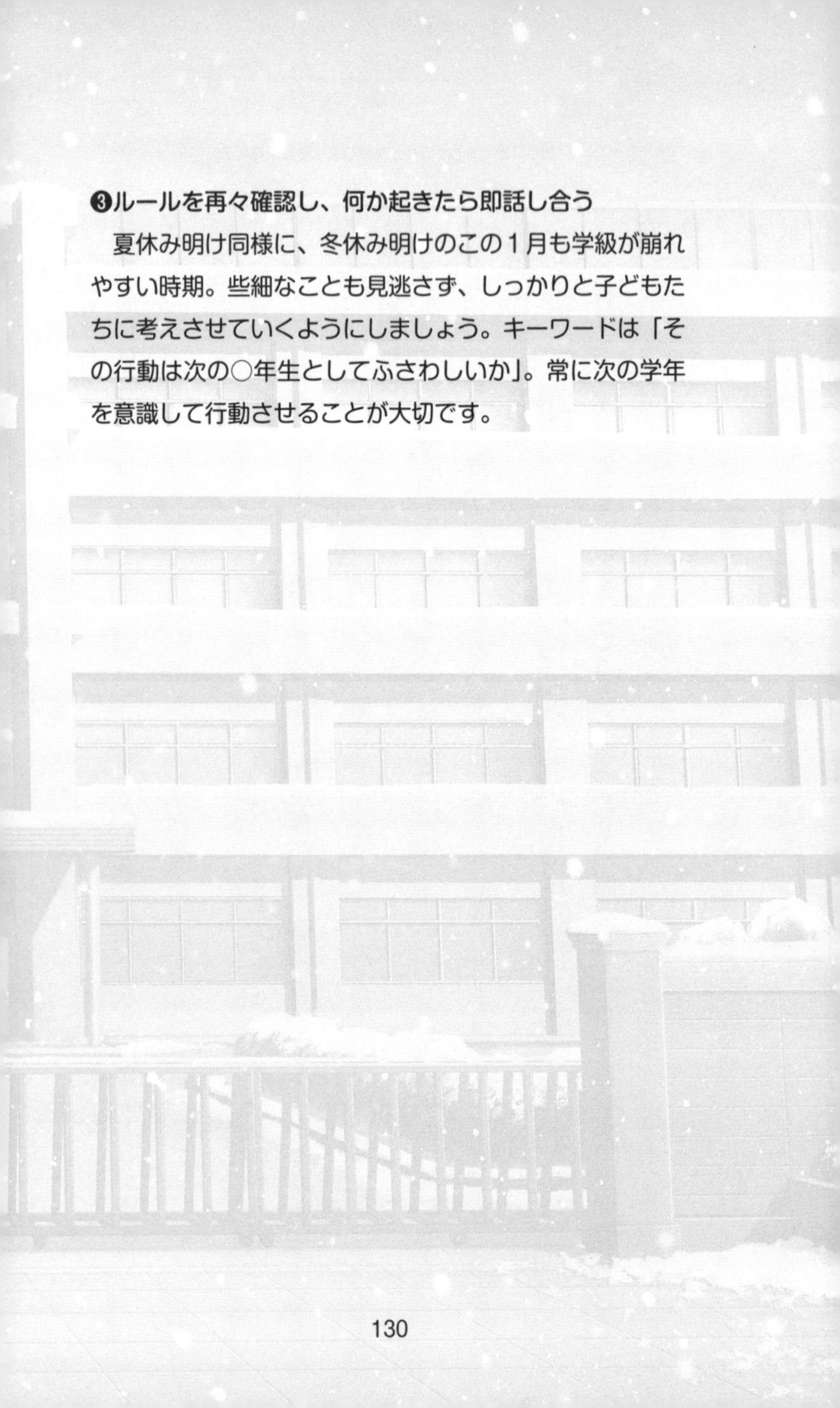

2
1月の学級づくり

ポイント

❶次の学年を常に意識して行動させる

冬休みが明け、いよいよ学年のまとめとなる３学期に入ります。３学期のポイントとして一番にあげられるのが、次の学年を意識させることです。例えば、１年生であればもうすぐお兄さん、お姉さんになること、４年生であれば高学年の仲間入りをすること、６年生であれば中学生になることをしっかりと意識させ、日々の行動を振り返らせます。「○年生が終わるまであと□日」といった日めくりカレンダーをつくる活動もおすすめです。

❷可能な限り子どもたちに任せてみる

１学期は型を身につけさせる「守」の時期、２学期は少しずつその型に変化を加えさせる「破」の時期とすると、３学期は子どもたちが自分の力で様々なことに挑戦する「離」の時期と言ってもよいでしょう。係や当番活動、朝の会や帰りの会のスピーチなど、子どもたちのアイデアを大いに認め、自治的なクラスづくりを目指します。失敗も大歓迎。思い切っていろいろなことに挑戦させましょう。

次の学年を常に意識して行動させる

次の学年への大切な時期であることを意識させる

冬休みが明け、いよいよまとめとなる3学期が始まりました。この時期に大切なこととして、次の学年を常に意識して行動させることがあげられます。

例えば、1年生であれば「4月になると新1年生が入学し、みんなはお兄さん、お姉さんになるのですよ」と早い段階で説明します。4年生であれば「4月からはみんなは高学年になる」、5年生であれば「最高学年になる」、6年生であれば「中学生になる」といったことを1月の段階で早々と告げることが大切です。一度学級活動の時間などに、学年が上がるとどんなことが変わるか、またどんな力が必要になるかを考えさせてもよいかもしれません。きっと、どの子も新しい学年への意識を高めることと思います。

次の学年を常に意識させる方法として、まずは教師の声かけがあげられます。例えば、集会活動などでは、「もうすぐ高学年になるよね。高学年として下の学年のお手本になれるような話の聞き方ができるかな」と諭してから、体育館に向かわせるとよいでしょう。もちろん子どもたちががんばった後は、「すごいなぁ。もういつでも高学年になれるね」などと、しっかりほめることが大切です。

5年生の日めくりカレンダー。1月に、残りの3学期の日数分のカードを分担して作成させます。次の学年に向けてみんなへのメッセージを書かせるのがポイントです。

このほか、日めくりカレンダーをつくって意識させる方法も効果的です。「○年生が終わるまであと何日」「卒業まであと何日」といったカードの作成に分担して取り組ませ、毎日それをめくっていきます。**「こんな力をつけたい！」「次はこんな学年になりたい！」といった目標を書かせておけば、それを目にするだけで、次の学年を自然と意識するようになります。**

可能な限り子どもたちに任せてみる

「失敗大歓迎」の精神で子どものアイデアをどんどん取り上げる

先にも述べたように、私は学級経営において「守・破・離」という考え方を基本にしています。1学期を様々な学級の仕組みの型を身につける「守」と位置づけ、2学期はそれらに少しずつ自分たちでアレンジを加えていく「破」、そして3学期は型から離れ自分たちの力で様々なことに挑戦する「離」を奨励しています。

もちろん1学期、2学期、3学期ときっちりと3つの段階を区別しているわけではありませんが、いずれにしても、3学期の段階では、教師があれこれ言うよりも、子どもたちに思い切って任せてみる場を設けることが大切だと考えます。

例えば、3学期の係を決めるときも、係分担や仕事内容を、子どもたちの意志に任せきっています。学級会の進行も子どもたちに任せ、この時期の私は、横でニコニコ見ているだけで、特に介入しません。

毎日行っている帰りの会のスピーチも、1学期当初は「1周目は自己紹介」「2周目はおすすめ本の紹介」といったように内容をこちらが指定していましたが、後半は子どもたちの話したいことを自由にスピーチさせるようにしています。

私の学級で行っているサークル活動（詳細は『学級システム大全』を参照してください）も、子どもたちが思い思いに自由に活動しています。

こうした活動が子どもたちのみで進められるのも、1学期にしっかりと型を指導し、2学期以降に少しずつアレンジを加えていくことを奨励してきたからだと考えます。

もちろん、子どもに様々なことを任せると、教師が主導するよりも多くの時間がかかります。学級会が1つの例でしょう。子どもたちで進行すると、なかなか論点が定まらず、1つのことを決めるだけでも多くの時間がかかります。ですが、**こうした「離」を経験させなければ、本当の意味での自治的なクラスは育ちません。**

任せると決めたら、辛抱強く待つ。こうした姿勢も欠かさないようにしたいものです。

ルールを再々確認し、何か起きたら即話し合う

次の○年生としてふさわしい行動かどうかを考えさせる

第1章で、夏休み明けに学校のルールを再確認する必要性を説明しました。冬休み明けの1月も、服装や整理整頓、安全のためのきまりなど、細かいルールを再々確認する場を設けることが大切です。ただし、すでに多くの子が守れており、改めて確認する必要がないと判断されるものについては、省略しても問題ないと思います。私の場合は、学級が安定している場合は、安全のためのきまり（廊下や階段の歩き方、放課後遊びに出かけた際の帰宅時間など）のみを確認するようにしています。

それよりも大切なのが、子どもたちをしっかりと観察し、子どもたちの声にしっかりと耳を傾け、次の学年としてふさわしい行動かどうかを考えさせることです。

以前5年生を担任していたときに、ちょうど1月ごろ、こんなことがありました。私の勤めている学校では、住んでいる地域ごとに登下校班というものがあり、安全のため、その地域の1~6年生で登下校することになっています。ある5年生の子が、登下校の班をいつも離れ、別の班の友だちのところへ常習的に合流しているというのです。この話を別の子から聞いた私は、早速学年全体を集め、臨時の学年集会を開きました。

〈教　師〉最近登下校のときに、違う班の友だちのところへ勝手に合流している人がいるという話を聞きました。このことについてどう思うか、近くの人と話し合ってください。（数分後）では、発表してください。
〈児　童〉みんなの安全を守るための登下校班なので、いけないことだと思います。
〈児　童〉自分たちも、低学年のころ上の学年の人にお世話になったのに、自分たちが高学年になったときにそれができないのはよくないことだと思います。
〈教　師〉そうですね。みなさんは、4月からは最高学年です。今回の行動は…

子どもたちのちょっとした変化を見逃さず、すかさず修正に入る。その際は、次の学年を常に意識させる。このような姿勢が担任には求められます。

4年生は翌年の野外活動、5年生は翌年の修学旅行を意識させる

第2章でも述べましたが、5年生になってからの野外活動、6年生になってからの修学旅行は、子どもたちにとって、小学校生活最大の楽しみと言えます。こうした次の学年で行われる楽しみな行事を意識させることも、この時期の子どもたちには効果的です。

例えば、給食の片づけが雑になっていた場合は、「残念。来年の野外活動は中止かな。だって食器などは自分たちで片づけるのだよ」と言います。同様に、トイレのスリッパがそろっていなかったり廊下を走ったりした子がいた場合は、「こんなことでは6年生になってからの修学旅行に連れて行けないな。行けたとしても、校長先生との2人班ですね（笑）。だってずっと見張っていないと、ホテルで他のお客さんに迷惑がかかるもんね」とつぶやきます。

私の経験上、こうした声かけは実に効果があります。子どもたちにとって最大の楽しみを生徒指導に利用する。ずるい方法かもしれませんが、時にはこうした引き締めも必要だと考えます。

5章

2月

学年のまとめ
に向けて
動きを加速させる

❸６年生には、感謝の気持ちを伝える出し物を考えさせる

「６年生を送る会」の最後に、ぜひとも６年生から全校に感謝の気持ちを伝える場を設けましょう。歌、合奏、ダンス…など、内容は何でもよいと思います。学校の規模にもよりますが、１人ずつお礼の言葉を述べさせてもよいかもしれません。１～５年生が感謝の気持ちを伝え、それに応える形で６年生も感謝の気持ちを返す。温かい雰囲気で会が終わるように演出します。

❹振り返りの時間をもつ

「６年生を送る会」が無事終わると、それぞれの学年で必ず振り返りを行わせましょう。例えば、会を企画した５年生の場合は、うまくいったことやいかなかったこと、大変だったことなどを一人ひとり発表する時間を設けます。６年生の場合は、全校が一生懸命自分たちのためにがんばってくれたことに対する今の思いを発表させると、一段と卒業への意識が高まります。１～４年生のクラスでは、改めて６年生への感謝の気持ちを話し合わせてもよいかもしれません。

行事が終わった後の振り返りは、子どもたちの心を大きく成長させる絶好の機会になります。ぜひともこのタイミングを逃さないようにしたいものです。

1

6年生を送る会

ポイント

❶5年生を中心に計画・準備に取り組ませる

多くの学校で「6年生を送る会」「6年生ありがとう集会」なるものが行われていると思います。これらは、もちろんお世話になった6年生に感謝の気持ちをもたせるという目的もありますが、同時に、次のリーダーを育てるうえでも大切にしたい行事の1つです。

どのような会を行うかは、次のリーダー、つまり5年生を中心に考えさせます。これまで様々な学級イベントで培った企画力・実行力を生かしながら、しっかりと計画・準備に取り組ませましょう。

❷1～4年生にも、何かの形で感謝の気持ちを伝えさせる

次のリーダーは5年生だから、すべて5年生に任せておけばそれでよし、というわけではありません。1～4年生の学級でも、これまでどのような形で6年生にお世話になったかをしっかりと振り返らせたうえで、感謝の気持ちをどのように伝えるかを考えさせましょう。

5年生を中心に計画・準備に取り組ませる

まずは目的を確認し、そのうえでアイデアを出させる

多くの学校で3月に行われる6年生を送る会。当然この会を企画するのは、次に最高学年となる5年生の役割です。

2月になったころ、5年生全員を1つの空間に集めます。単学級の学校では教室で問題ありませんが、複数学級の場合は、体育館や多目的ホールなどに集めることも考えられます。その場で、「3月に毎年行われている6年生を送る会が1か月後に迫ってきました。当然この会を企画するのは5年生の役割です。内容を考える前に、まず何のために6年生を送る会を行うのかを考えてみましょう」と、5年生の子どもたちに投げかけます。ペアやグループで話し合わせた後、全体で発表させます。

「お世話になった6年生に感謝の気持ちを伝えるためです」
「6年生に最後に最高の思い出をつくってもらうためです」
「6年生に、今度は自分たちがリーダーとしてがんばるという決意を伝えるためです」

特に最後の内容については、次に最高学年となる5年生には、ぜひとも考えさせたいところです。もしも子どもから意見が出ない場合は、教師から伝えてもよいと思います。

目的が明確になったところで、いよいよ内容についてアイデアを出させます。**まずはたくさんアイデアを出し、その中から内容を絞っていくという方法が得策**です。以下は、実際に私が5年生を担任した際に、子どもたちが計画した会の流れです。

6年生を送る会 プログラムの例	
1	はじめの言葉
2	校長先生の話
3	スライド発表
4	レクリエーション ①○×クイズ ②猛獣狩り ③じゃんけん列車
5	プレゼント渡し (各学年から)
6	歌のプレゼント (1～5年生)
7	6年生の言葉
8	教頭先生の話
9	おわりの言葉

一部の児童会役員だけで計画をさせるのではなく、このように、全員で目的を共有したり、会の内容を検討させたりすることが大切です。そうすれば、児童会役員だけでなく、全員に当事者意識をもたせることができます。

実行チームを組織し、リーダーを中心に準備に取り組ませる

大まかな内容が決まったら、次に実行チームを組織します。第3章の「学級オリジナルイベント」でも示したように、それぞれの役割を明確にしたチーム（部）を組織し、分担して取り組ませた方が、効率的に準備を進めることができます。

例えば、以下のような実行チーム（部）を組織してみてはいかがでしょうか。

○司会進行部（全体の進行、代表あいさつなど。児童会がこの役を担ってもよい）
○スライド部（6年生との思い出を発表。スライドもすべて自分たちで作成する）
○レクリエーション部（ゲームの説明、準備、進行等。ゲームごとに部を組織する）
○プレゼント部（1〜4年生への依頼。5年生からのプレゼントも企画する）
○音楽部（全校で歌う歌の選曲。歌詞カードづくり。会場のBGMも担当する）
○飾り部（会場の飾りつけ担当。退場の際の花のアーチも作成する。大人数が必要）
※会場の準備や片づけなどは、5年生全員で協力して行う。

リーダー会を開いて進捗状況を確認する

実行チーム（部）を組織したら、そのチームの中から1名ずつリーダーを選出し、リーダーを中心に準備に取り組ませます。しっかり時間を確保して準備に取り組ませたいところですが、5年生の各教科の授業内容は3学期も非常に多いため、なかなかそうもいかないと思います。休み時間や放課後、場合によっては、各自が家に持ち帰って作業を進めることになるかもしれません。あまり負担になり過ぎないように配慮しつつ、会を成功させるためにがんばっている子どもたちをしっかりとほめてあげたいものです。

なお、定期的に教員、児童会役員、各チーム（部）のリーダーが一堂に会するリーダー会なるものを開催することをおすすめします。各チームの作業進捗状況を確認するとともに、困っていることなどについても、しっかりと意見を出させましょう。例えば、飾り部などは、会場の飾りづくりにかなりの時間がかかるため、作業がどうしても遅れがちです。各チーム（部）の仕事が終わった子から、飾り部の応援に回るという方法も考えられます。**こうしたサポート体制を構築するのも、リーダー会の役目**です。互いに支え合いながら、会の成功に向けて、一致団結して活動に取り組ませていきましょう。

1～4年生にも、何かの形で感謝の気持ちを伝えさせる

5年生に任せっきりはNG

6年生を送る会の準備は5年生にお任せして、1～4年生は当日までのんびり…、ということは極力避けるべきでしょう。5年生が中心になって会を企画・運営することはこれまで述べてきたとおりですが、1～4年生にもしっかりと6年生への感謝の気持ちをもたせ、自分たちにできることを実行させることが大切です。

きっかけとしておすすめなのが、道徳の学習です。どの学年でも、「感謝」もしくは「よりよい学校生活、集団生活の充実」という内容項目があると思います。その授業において、6年生にいかにお世話になってきたかを具体的に想起させ、感謝の思いをもたせます。そのうえで、学級活動の時間に、具体的に行動に移させるという流れです。

おすすめなのは、6年生の送る会のプログラムの中に、各学年からのプレゼント渡しの時間を設ける、そこで各学年が6年生にプレゼントを行うという方法です。6年生への感謝の気持ちの伝え方は様々ですが、例えば左のような方法はいかがでしょうか。

【形に残るプレゼント】
・紙皿でつくったペンダント
・折り紙でつくった首飾り
・お礼の気持ちを綴った手紙
【形には残らないが、心に残るプレゼント】
・1人ずつお礼の気持ちを述べる
（小規模の学校の場合）
・リコーダーで練習した曲を披露する
・歌や踊りを披露する
・ムービーを作成して流す

6年生を送る会を何時間もかけて盛大に行う学校であれば、歌や踊りのような感謝の伝え方も考えられますが、おそらく多くの学校では、1時間で計画されているのではないかと思います。その場合、時間的にも難しいので、ペンダントや手紙のような方法がおすすめです。どのような形にしても、子どもたちの感謝の気持ちがしっかりと6年生に届くように、1～4年生もしっかりと取組を進めたいものです。

6年生には、感謝の気持ちを伝える出し物を考えさせる

歌や合奏で「かっこよさ」をアピールさせる

6年生を送る会の締めとして、最後に6年生から感謝の気持ちを伝える場があると思います。代表の子があいさつをして、簡単に済ませるという方法もありますが、どうせやるなら、最後に6年生全員が「かっこよさ」をアピールして、全校に自分たちの存在を印象づけてほしいものです。

5年生が6年生を送る会の準備に取りかかっていることは、否が応でも、6年生はひしひしと感じるものです。このタイミングで、6年生に「みんなもう気がついていると思うけど、5年生を中心に『6年生を送る会』が計画されています。うれしいですね。1～5年生へのお礼を兼ねて、最後にみんなで何か大きなことをやりませんか？」と提案します。

きっといろいろアイデアが出てきますが、例えば、次のような内容はどうでしょうか。

○全員で歌を歌う（学芸会で歌った歌でもよいし、新たな歌に取り組んでもよい）
○全員で合奏する（ボーカルをつけてバンド風に演奏するのもおすすめ）
○全員で踊る　（運動会で踊ったソーラン節など）

どれも過去に私が担任した6年生の子どもたちが実際に行ったものですが、6年生を送る会の最後を締めくくるにふさわしく、感動的なものになりました。

また、6年生を送る会が始まる前に、私はいつも6年生に次のような話をしてから会場となる体育館に向かわせるようにしています。

「今日まで5年生をはじめ、いろいろな学年が準備をしてくれました。君たちよりも下の学年が行う会だから、**当然うまくいかないことや準備が不十分なこともあるかもしれません。でも、それらも全部含めて、1～5年生の気持ちを受け止めてあげようね**」

ある年に行われた6年生を送る会では、決して段取りがよいとは言えない会を、6年生が一生懸命拍手で盛り上げていました。それはそれで感動的だったと記憶しています。

振り返りの時間をもつ

行事の後は子どもの心を育てる絶好の機会

６年生を送る会に限ったことではありませんが、私はこうした大きな行事の後、必ず教室でしっとりと振り返りの時間をもつようにしています。**何かをがんばったり、成功させたり、感動したりした後というのは、子どもたちの心を耕す絶好の機会**だと考えているからです。

振り返りといっても、子どもたちに作文を書かせるという意味ではありません。もちろん、それはそれで意味がありますが、それよりも、一人ひとりに今の思いを率直に語らせた方が、ずっと教育的効果は高いと考えます。

中心になって計画・準備を進めてきた5年生であれば、次のような言葉が出てきます。

「6年生が喜んでくれてすごくうれしかったです。みんなでがんばってよかったです」

「うまくいかないこともあったけど、力を合わせることができてよかったです」

「今までこんなに大変なことを軽々とやっていて、やっぱり6年生はすごいと思いました。次は私たちの番だから、もっとがんばりたいと思います」


6年生の教室であれば、次のような言葉を話す子が見受けられるでしょう。

「全校のみんなが自分たちのために一生懸命準備してくれてすごくうれしかったです」

「たくさん応援してもらったので、中学校に行ってもがんばろうと思いました」


一人ひとりのコメントには、みんなでしっかりと拍手を送るようにしましょう。最後は教師自身も子どもたちに最大限の賛辞を送って場を締めくくります。

「5年生のみんなのがんばりは本当にすばらしかったよ。先生、泣きそうになりました。来年、みんなはきっといい6年生になれると思います。がんばってくれてありがとう！」

「6年生を送る会を盛大に開いてもらえてうれしかったですね。みんなが一年間、全校のために必死でがんばってきたからこそ、こうやってお祝いしてもらえたんだよ。先生自身もみんなにお礼を言いたいです。ありがとう。卒業式もがんばろうね」


こうした振り返りや教師の言葉を通して、子どもたちの心は一層育まれることでしょう。

❸卒業文集を子ども主体で作成させる

2月。6年生はいよいよ卒業を意識する時期になります。卒業に向けてこの時期から取り組んでおくべきことの1つが、卒業文集づくりです。卒業文集は、これまでの先輩方が作成してきた「型」を大切にしつつも、子どもたちの創意工夫があふれるようにしたいものです。また、1人1役を与えて、全員が活躍できるように取組を工夫していきましょう。

❹オリジナルのアルバムを制作させる

卒業文集のほかにも、オリジナルの手づくりアルバムをつくる取組もおすすめです。4月から書きためた作文や絵手紙などの作品、写真などを効果的に使いながら、1冊のアルバムに仕上げていきます。多少時間はかかりますが、子どもたちにとってかけがえのない宝物になるはずです。余裕があれば、ぜひ取り組んでみてください。

2

卒業に向けて

ポイント

❶卒業式に向けて少しずつ練習を始める

卒業式の練習は３月から始めれば十分と思われる先生も多いと思いますが、私は２月上旬から、少しずつ練習を始めることをおすすめします。いすの座り方、立ち方、歩き方、礼の仕方、歌など、教室でできる練習に、少しずつ取り組ませていきます。卒業式に向けての心構えも、このタイミングで諭しておくとよいでしょう。卒業を意識させることで、子どもたちをよりよい生活に向かわせることができます。

❷余裕をもって３月を迎えられるように授業を進める

３月になると、卒業式の練習が本格的に始まったり、児童会の行事が行われたりと、かなり忙しくなります。そこで、余裕をもって３月を迎えられるように、２月はしっかりと授業を進めていきます。幸いなことに、どの教科も６年生３学期の内容は少なめに設定されています。授業内容やテストなど、可能な限り早めに終わらせておきましょう。

卒業式に向けて少しずつ練習を始める

2月から教室でできる練習にどんどん取り組ませる

本節では、3月に卒業を控えた6年生の取組について解説します。

この2月の時期に取り組んでおくべき内容として、まずは卒業式の練習があげられます。「卒業式の練習は3月に入ってからで十分間に合う」と思われている先生も多いと思います。結論から言うと、もちろん3月に入ってからでも間に合います。体育館に実際にいすを並べたうえでの練習は、3月に入ってから行われる学校がほとんどでしょう。

確かに、入退場の仕方や卒業証書授与の移動の仕方などの細かい動きについては、3月に入ってからで十分だと思いますが、**座り方や立ち方、返事の仕方、歌など、教室でも可能な指導については、ぜひ2月からスタートさせましょう。**

私は2月上旬に卒業式の話をします。小学校の卒業式は一生に一度であること、1つの節目となる大切な行事であること、在校生や保護者、地域の方が一生懸命お祝いしてくれようとしていることなどを話し、卒業式の心構えを諭します。そのうえで、教室でできる練習に少しずつ取り組ませていきます。以下は教室でできる練習のアイデアです。

○健康観察で卒業証書授与の際の返事を練習する。「すばらしい、100点！」「もうひと声、70点！」などと声をかけ、しっかり声を出すことに慣れさせる。
○授業中に「卒業生、起立」と言って全員を立たせる。「礼」「着席」も同様に緊張感をもって行わせる。姿勢のよい子をどんどんほめ、やる気を高めるのがポイント。「礼」に関しては、全員がそろうまで何度も繰り返すとよい。
○ノートやプリントを返す際、卒業証書授与と同様に受け取らせる。ついでに歩き方も指導するとよい（ときどき大げさに行うお調子者がいて、笑いが起きる）。
○朝の会や帰りの会、音楽の時間に卒業式の歌の練習をする。継続は力なり。
○笑わない練習。教師のおふざけに耐える（これはあくまでもユーモア）。　など

余裕をもって3月を迎えられるように授業を進める

授業は2月のうちにどんどん終わらせる

６年生の３月は思っている以上に多忙です。そこで、各教科の授業内容やテストなどは、可能な限り、早めに終わらせることをおすすめします。

幸いなことに、６年生の３学期の授業内容は、どの教科も比較的少なく設定されています。国語は卒業文集づくりなどがメインになりますし、算数も１単元終えれば、あとはほとんど復習ばかりです。１月からややペースを上げて、テストなどもどんどん行い、可能であれば２月中に教科書の内容をすべて終えるぐらいのつもりで授業を進めていきましょう。もちろん進度が速過ぎて内容が定着しないのはよくありませんが、**いったん進めておいて、３月は復習に当てるぐらいの余裕が必要**だと思います。

授業を集中的に進めることには、意外な面でメリットがあります。それは、2月にありがちな気の緩み、生活の乱れを回避することができるということです。教師が、もう後がないという気持ちをもち、必死で授業を行えば、自然と子どもたちも気が引き締まるもの。ぜひこの時期に全力を注ぎ、授業に集中させましょう。

なお、当然子どもたちが楽しく取り組めるような学習内容にも力を注ぐことが大切です。例えば、図画工作では卒業制作に取り組ませてはどうでしょうか。卒業の記念になるオルゴール箱や版画の制作、全員で力を合わせて1つの作品をつくるのもよいかもしれません。家庭科では、よりよい生活をするために、自分たちができることを実行するという単元が3学期にあります。保護者や地域の方を招いてお茶会を開催したり、お世話になった方に何かしらプレゼントを贈ったりする活動も考えられます。体育では、卒業を控えたこの時期に、みんなでバスケットボール大会などを開催するのもよいかもしれません。いずれも子どもたちが夢中になって取り組むおすすめの学習です。

なお、担任としてもやりたいことがたくさんあると思いますが、あまり無理をし過ぎて、教師も子どもたちも疲弊する…ということがないようにしましょう。**時間的な見通しをもち、できる範囲で計画的に活動を進めていくことが大切**です。

卒業文集を子ども主体で作成させる

どのような内容にするか、まずはアイデアをしっかりと出させる

卒業文集の制作も2月上旬に始めておきたいことの1つです。6年生を担任するのがはじめてで、卒業文集は3月になってから取り組めばよいと思われている先生がいたら、2月上旬には始めておくべきであることを、ここで強くお伝えしたいと思います。

6年生を担任したことがある先生はよくわかると思いますが、3月に入ると、卒業式の本格的な練習や児童会行事などがあり、かなり忙しくなります。印刷や製本のことも考慮すると、とても3月開始では間に合いません。そこで2月上旬、もしくは1月でもよいと思います。早めに卒業文集の制作に取りかかりましょう。

子どもたちには卒業文集のイメージがないため、まずは1月ごろから、教室に先輩の卒

業文集を置いて、自由に読めるようにしておくとよいでしょう。ご自身が過去に担任した子どもたちの卒業文集があれば、それを用意しておく方法もあります。そのうえで、国語の時間を利用して、「今日から卒業文集づくりに入ります。卒業文集は一生の記念になる大切なもの。みんなで最高の1冊をつくりましょう」と投げかけます。

内容は、一人ひとりの作文を入れることを絶対の条件とし、それ以外は、自由に子どもたちのアイデアに任せるとよいでしょう。私が過去に担任した際は、概ね次のような内容を盛り込むことがアイデアとして出されました。

○一人ひとりの作文（心に残った行事、がんばったこと、心に残ったことなど）
○プロフィール（代表の子が型を作成し、そこに自己紹介を書き込む）
○お気に入りの名言集（国語の時間と関連させて、MY格言を紹介）
○今年の漢字（6年生を振り返って漢字1文字で紹介）
○ランキング（心に残った行事、好きな給食、好きな歌、好きな本など）
○先生紹介コーナー（子どもによる先生紹介。大体おもしろおかしく書かれる）など

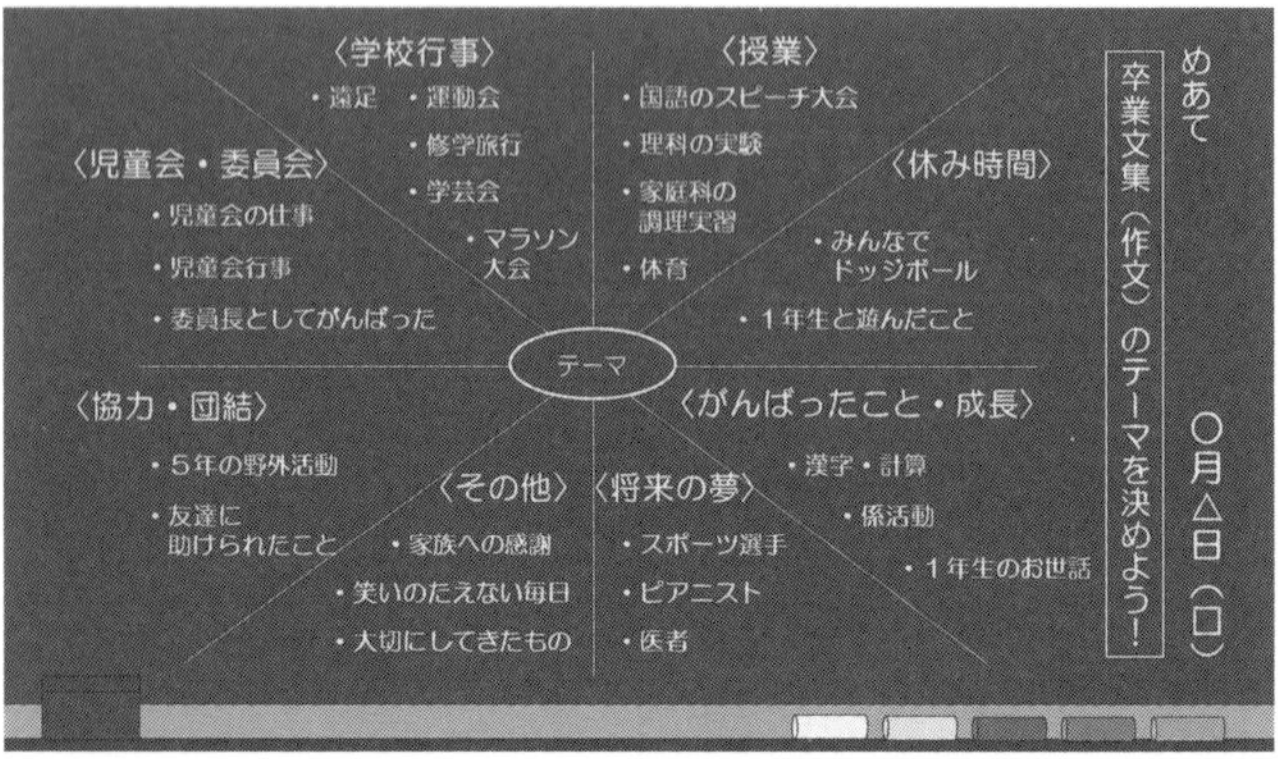
めあて
卒業文集（作文）のテーマを決めよう！
○月△日（□）
〈学校行事〉
・遠足　・運動会
・修学旅行
・学芸会
・マラソン大会
〈授業〉
・国語のスピーチ大会
・理科の実験
・家庭科の調理実習
・体育
〈児童会・委員会〉
・児童会の仕事
・児童会行事
・委員長としてがんばった
〈休み時間〉
・みんなでドッジボール
・1年生と遊んだこと
テーマ
〈協力・団結〉
・5年の野外活動
・友達に助けられたこと
〈がんばったこと・成長〉
・漢字・計算
・係活動
・1年生のお世話
〈その他〉
・家族への感謝
・笑いのたえない毎日
・大切にしてきたもの
〈将来の夢〉
・スポーツ選手
・ピアニスト
・医者

作文は全員でのアイデア出しから始める

作文は、いきなり自由に書かせるのではなく、全員でアイデアを出したうえで書かせるのが得策です。上に示したようなチャート図を使ってアイデアを集め、ネームプレートを使って何を書くかを決定させます。1つの行事について書く行事作文もよし、友情、努力、挑戦などのテーマでいくつかの体験を書かせるテーマ作文もおすすめです。

なぜこのような手順を踏むのかというと、**自由にテーマを決めさせた場合、ほとんどの子が修学旅行の思い出を書くから**です。修学旅行は一番のイベントですから、当然と言えば当然でしょう。ですが、あまり内容が偏ると、文集としておもしろくありません。このような手順を踏めば、そうした事態を回避できます。

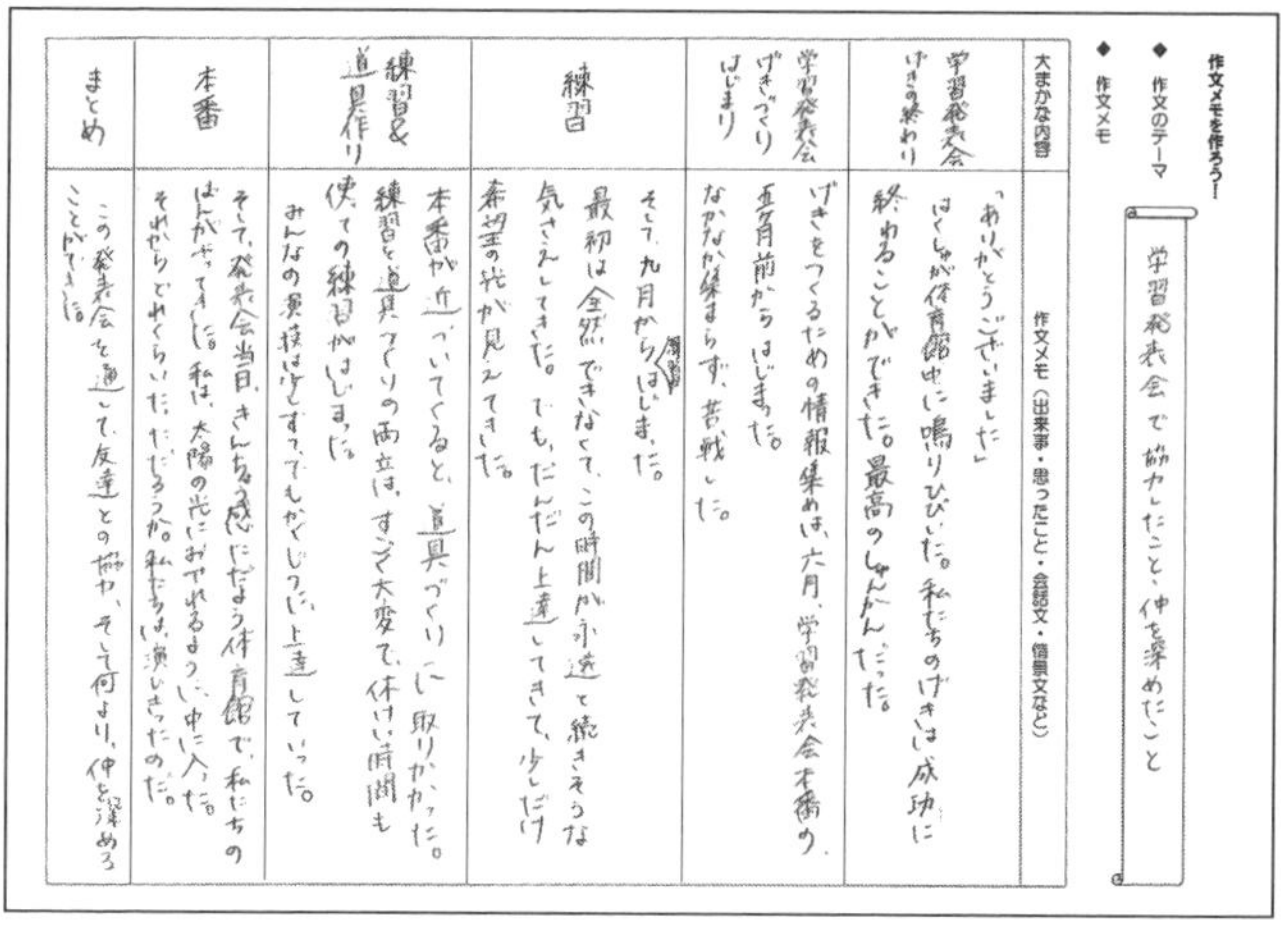

作文メモを作ろう！

◆ 作文のテーマ　学習発表会で協力したこと、仲を深めたこと

◆ 作文メモ

大まかな内容	作文メモ（出来事・思ったこと・会話文・情景文など）
学習発表会 げきの終わり	「ありがとうございました」はくしゅが体育館中に鳴りひびいた。私たちのげきは成功に終わることができた。最高のしゅんかんだった。
学習発表会 げきづくり はじまり	げきをつくるための情報集めは、六月、学習発表会本番の五ヶ月前からはじまった。なかなか集まらず、苦戦した。
練習	そして九月から練習がはじまった。最初は全然できなくて、この時間が永遠と続きそうな気さえしてきた。でも、だんだん上達してきて、少しだけ希望の光が見えてきた。
練習&道具作り	本番が近づいてくると、道具づくりに取りかかった。練習と道具づくりの両立は、すごく大変で、休けい時間も使っての練習がはじまった。みんなの演技は少しずつでもかくじつに上達していった。
本番	そして発表会当日、きんちょう感にただよう体育館で、私たちのばんがやってきた。私は、太陽の光におぼれるように、中に入った。それからどれくらいたっただろうか。私たちは演じきったのだ。
まとめ	この発表会を通して友達との協力、そして何より、仲を深めることができた。

次に、上のようなワークシートを使って、全体の構成を練らせます。時系列に沿って書くのもよいですが、**いきなり山場から書き、回想する形で様々なシーンを振り返って書かせる方法もおすすめです。**このほか、書き出しを工夫したり、情景文を入れながら物語的に書いたりする方法もあります。こうした書き方のテクニックを国語の時間を使って丁寧に指導するとよいでしょう。

構成ができたら、実際の分量を意識しながら下書きを行わせます。下書きは、もちろん子ども自身にも推敲させますが、言うまでもなく、卒業文集は一生もの。絶対に失敗が許されないので、教師も念入りに誤字脱字や日本語表記のミスをチェックします。最後は清書をして完成という流れになります。

作文以外は1人1役を与えて分担して取り組ませる

私の場合、6年間を振り返った作文、MY格言、今年の漢字、詩などの内容は国語の時間に全員で取り組ませますが、それ以外の内容は、細かく分担のうえ、子ども主体で取り組ませるようにしています。

役割としては、表紙担当、プロフィール担当、6年間の行事まとめ担当、ランキング担当、先生紹介コーナー担当、寄せ書きコーナーの担当など、様々なものがあげられます。全員にこうした担当を与え、分担して取り組ませます。

例えば、ランキング担当になった子は、「6年間の一番の思い出は?」「好きな給食のメニューは?」「好きなアニメは?」などの設問が入ったアンケート用紙を作成し、全員に配付します。そして、回収して集計するところまで責任をもって行わせます。経験上、子どもたちはよく「クラスで一番騒がしかった人は?」「人気があった人は?」などの項目をランキングに入れようとしますが、読んだ人に誤解を与えかねない項目については、極力避けるように伝えます。**子ども主体といっても、すべて子ども任せにせず、文集にふさわしいかどうかの判断は、しっかりと担任が行うようにしましょう。**

卒業文集の表紙。
絵の得意な子に
担当してもらう。

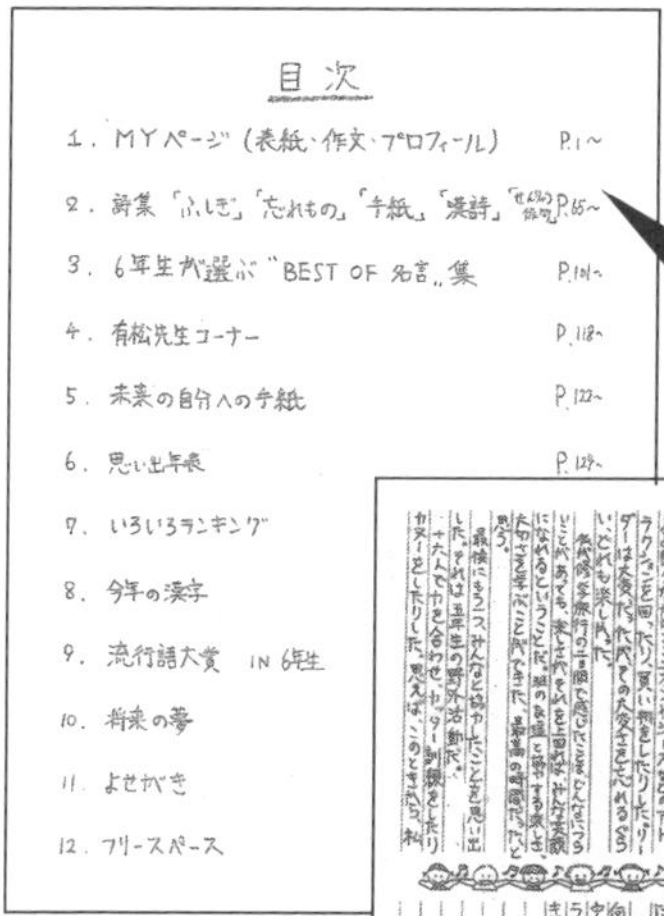
目次

卒業文集の目次。
子どものアイデアを
たくさん盛り込む。

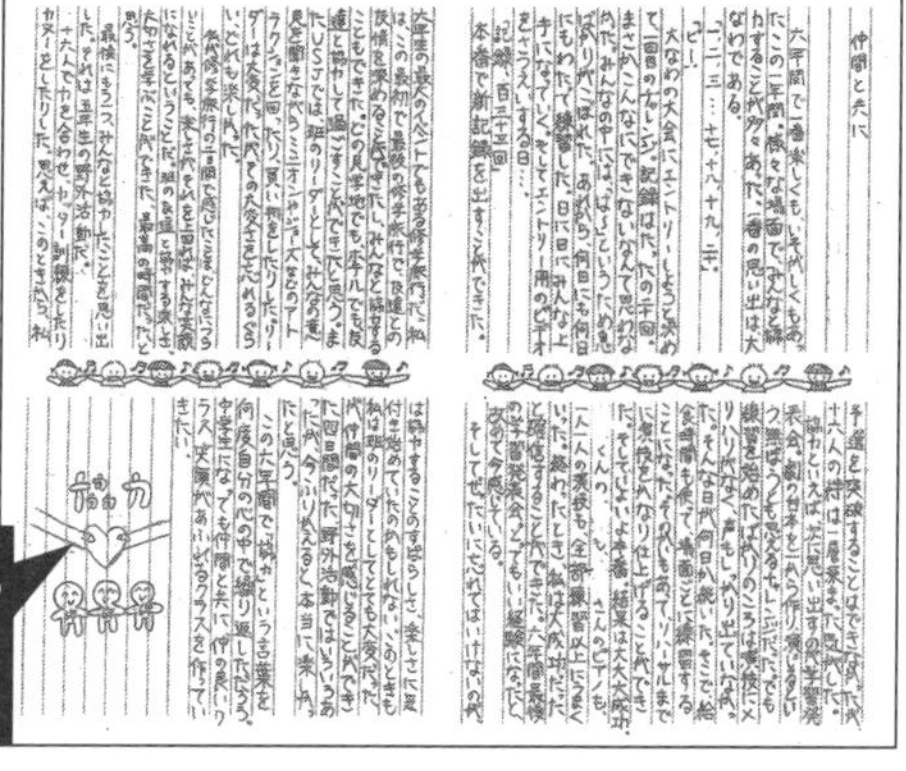

一人ひとりの作文。
見開き２ページで
作成させる。

オリジナルのアルバムを制作させる

書きためた作文や作品を1冊のアルバムに

卒業生の記念品としては、プロの写真屋さんがつくる卒業アルバム、前項であげた卒業文集の2つがあげられますが、もう1つ、手づくりの思い出アルバムをつくる取組を紹介します。

私の場合、4月から様々な行事があるたびに、A4で1枚程度の作文を書かせています。学校で書かせるときもありますし、宿題にすることもあります。また、国語(書写)や図画工作の時間を使って、その行事に関わる絵手紙をつくらせることもあります。このほか、子どもたちの活動の様子や図画工作の作品などを頻繁に写真に収めるようにしています。これらをすべて1冊に綴じたのが、手づくりの思い出アルバムです。

Ａ３サイズほどの画用紙を一人ひとりに10枚程度配付し、そこに書きためた作文や絵手紙、写真などをどんどん貼らせていきます。次に、蛍光ペンなどのカラフルなペンを利用して、空いたスペースに文字や絵をかかせます。

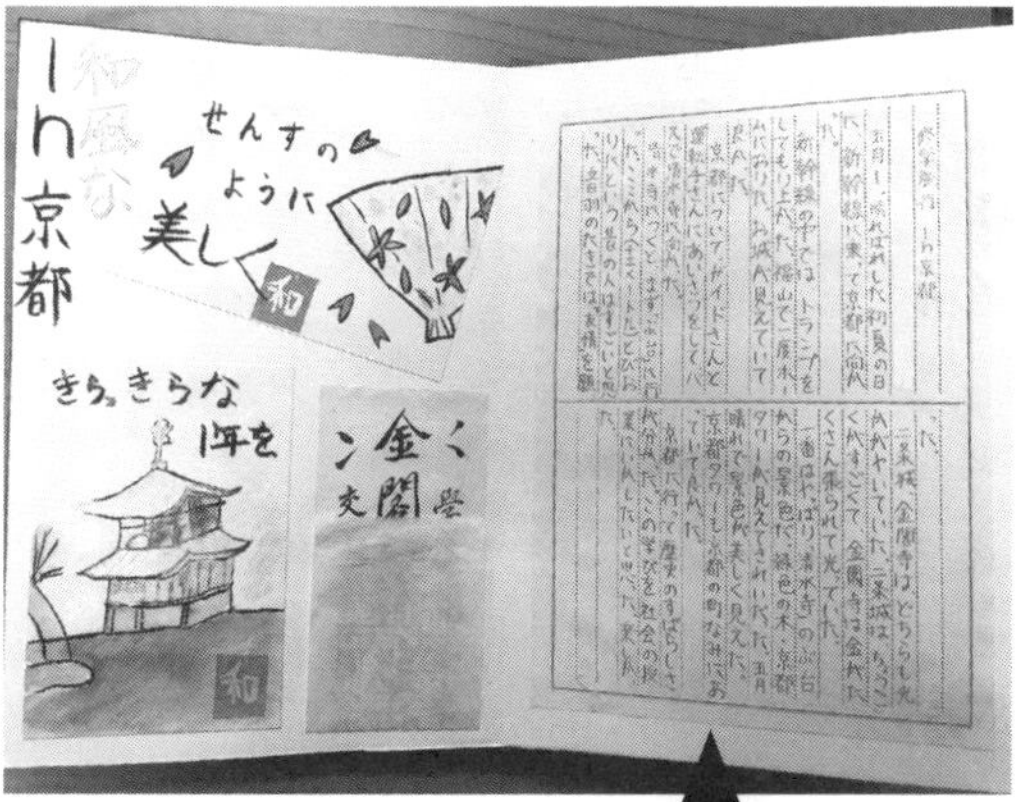

行事が終わるごとに作成した絵手紙と作文を使って、Ａ３サイズの画用紙に自由にレイアウトさせる。行事の写真などを印刷し、自由に貼らせてもよい。

各ページをのり（しわにならないのりがおすすめ）で貼り合わせたら、表紙も手づくりさせます。表紙は工作用紙や画用紙を使えば、安価で作成できます。

子どもたちが1年間書きためた作文を一気にまとめる絶好の機会になります。時間的に余裕があれば、ぜひ取り組んでみてください。なお、この取組は白石範孝先生の著書『絵てがみのおくりもの』（学事出版）を参考にしています。ご参照ください。

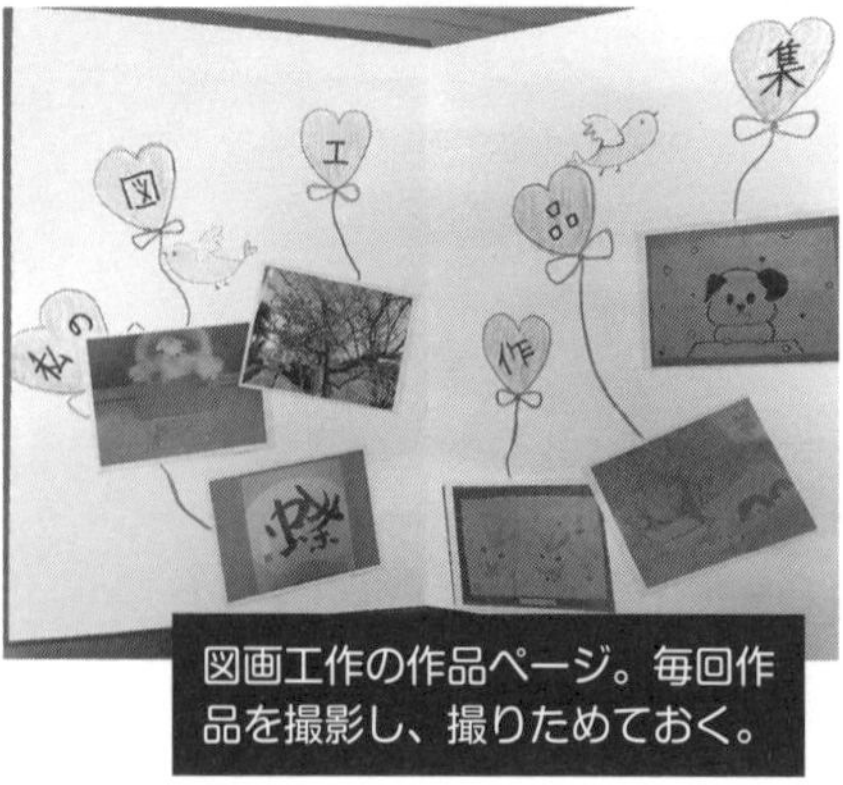

図画工作の作品ページ。毎回作品を撮影し、撮りためておく。

6章

3月

別れを演出し
新しい学年への
意欲をもたせる

❸卒業式に向かう態度を指導する

卒業式が近づくと、まずはじめに行われるのが６年生のみの練習、次いで、全校での練習という流れになると思います。言うまでもなく、６年生には、自分たちが主役ということを意識させ、最高の態度で式の練習に向かわせます。在校生の場合は、６年生に比べるとやや緊張感に欠けるので、それなりの指導が必要です。みんなでお世話になった６年生を気持ちよく送り出そうという思いをもたせるとともに、発達段階に応じた細かい指導を行うようにしましょう。

❹卒業式の準備・片づけで高学年の自覚をもたせる

卒業式の準備・片づけは、当然次のリーダーである５年生が中心になって行うことになります。比較的小さな規模の学校であれば、４年生も準備・片づけの役を担うことになるでしょう。実はこの準備・片づけが、次のリーダーを育てるうえで非常に大切になります。事前にしっかりと心構えを諭す、終わった後に振り返りをさせるなどして、子どもたちの心をしっかりと育てていきましょう。

1

進級に向けて

ポイント

❶児童会、委員長などの引き継ぎの場を設定する

３月になり、６年生は卒業、その他の学年については、進級が迫ってきます。この時期に大切なのは、とにかく卒業や進級を意識して行動させること。６年生は中学生に、その他の学年は１つ学年が上がることを意識させ、それにふさわしい行動がとれるようにしましょう。学校の方針にもよりますが、児童会や委員会、登校班の班長などもしっかりと先輩から後輩に引き継ぎする場をもたせます。

❷６年生はサポート役に回り、最後まで気を抜かせない

卒業前の子どもたちが、いろいろなリーダー役から解放されたこともあり、浮き足立つ。残念なことですが、こうした光景をこれまで何度も目にしてきました。最後の最後まで気を抜かせないためにも、児童会や委員会、登校班などで、それなりの役を与えることが大切だと思います。おすすめは、サポート役。新しい５年生のリーダーにいつもつき添って、卒業の日まで全力でサポートさせるようにしましょう。

児童会、委員長などの引き継ぎの場を設定する

引き継ぎの場の設定が、双方の責任感と自覚を育てる

3月。6年生にとっては卒業が、1～5年生にとっては進級が迫ってきます。この時期に大切なのは、何より卒業や進級への意識をもたせること。私自身も、この時期は事あるごとに、「卒業生として」「4月から最高学年として」といった言葉を多く用いるようにしています。1年生でも同様に、「4月からお兄さん、お姉さんになる」ということを、強く意識して行動させるようにしています。

このほか、児童会や委員会、登校班の班長などの仕事は、6年生から次の学年にしっかりと引き継がせることが大切です。

まず6年生には、引き継ぎが行われるまでに、どのような仕事があり、それらをどのよ

うな方法で行うのか、気をつけるべきポイントは何かなどについて、児童会や委員会のメンバーで話し合わせます。このような場合、私はこれまで手書きのプリントを準備させていましたが、GIGAスクール構想が進む今日、各自の端末でタイピングさせ、印刷したものを用意させてもよいでしょう。

引き継ぎが行われる日は、5年生や4年生にしっかりとメモを取らせ、必要に応じて質問をさせるようにします。場合によっては、本の貸し出しや体育用具のチェックなど、**実際に体を動かしながら仕事を引き継がせることもあるでしょう。**こうしておけば、次年度からスムーズに仕事を進めさせることが可能になります。

なお、これらは3月の段階で、次の委員会や委員長が決定している学校のみ可能な取組です。新しい委員会は4月になってから決定するという学校では、前述のプリントを用意させておき、それらを読みながら、新しい仕事を覚えさせていくという流れになると思います。

登校班の制度を設けている学校では、登校班の班長も、3月の段階で引き継ぎを行わせるのが得策です。3月になったら5年生（もしくは4年生）が先頭に立ち、6年生がそれをサポートするという形に移行していきます。

6年生はサポート役に回り、最後まで気を抜かせない

自分たちでよりよい学校をつくるという意識を最後までもたせる

児童会が引き継がれ、委員会の仕事も次の学年に移行する。授業もほとんどが終わり、残すは卒業式のみ。その卒業式に向かって全員が引き締まった雰囲気になれば何も言うことはないのですが、そうではなく、教室や廊下から大声が聞こえる…。学級担任として、こうした状況は絶対に避けなければいけません。

このような状況に陥る大きな原因の1つとして、**6年生の役を何もかも奪い過ぎる**ということがあげられます。やることがなくなれば、落ち着きがなくなるもの当然でしょう。

こうした状況を回避するためにおすすめなのが、すべての仕事に関して、6年生をサポート役に回らせるという方法です。

私が6年生を担任した際は、3月は、次のように子どもたちに話をしています。
「児童会や委員会、登校班など、すべてリーダーの役を5年生にバトンパスしましたが、5年生にとって今の時期は、あくまでも練習期間です。5年生もがんばっていますが、いきなりリーダーとして活躍できるはずがありません。そこで卒業までは、きみたちがしっかりサポートしてあげましょう」

具体的な例をあげると、児童会が中心になって行う集会活動やあいさつ運動などは、必ず毎回6年生にも同席させます。放送委員会の仕事があれば、側について、6年生から5年生に的確にアドバイスを行わせます。もしも仕事の進め方に不備があれば、遠慮なく、改善を促すよう6年生に伝えます。前項でも述べたように、登校班も一番後ろについて、低学年のお世話をしっかりとサポートさせます。

こうしておけば、これまで一年間リーダーとしてがんばってきた6年生が、そう簡単に崩れることはありません。もちろん、**こうした6年生の姿にも「ありがとう」「やっぱり君たちは頼りになるね」**などの声かけを行うようにしていきましょう。

卒業式に向かう態度を指導する

卒業生には、全校児童のがんばりを伝え、やる気を高める

3月になると、卒業式の練習が本格的に始まります。まずは6年生のみで、入場や退場、証書渡し、答辞、合唱などの練習が行われることでしょう。5章でも触れましたが、返事の仕方や証書の受け取り方などは、2月の段階から教室で少しずつ練習を始めます。とはいえ、体育館での練習はまた場所も異なり、緊張感も一層高まることでしょう。

大切なのは、主役である6年生が一番引き締まった雰囲気の中で式が行われることだと考えます。「1～5年生のみんなが一生懸命みんなを気持ちよく送り出そうとがんばってくれています。主役であるみんなが、一番よい態度でなければならないのは当然のこと。がんばりましょう」。このような声かけから、本格的な練習をスタートさせましょう。

在校生には、発達段階に応じた具体的な指導を行う

在校生には、お世話になった6年生のことを想起させ、自分たちに何ができるかを考えさせることから始めます。姿勢を正す、歌を一生懸命歌う、拍手を精一杯送る、在校生にできることは限られていますが、それでも各学級で式への意識を高めることは必要です。

そつぎょうしきの
すわりかた
目は
まっすぐ！
手はひざの
上に！
足のうらは
ゆ か に
ピタッ！
せなかは
いすから
少しはなす！
じっとして
うごかない

低学年では、「姿勢を正す」といっても、やや具体性に欠けるため、上のようなカードを用いて事細かに指導することが必要です。足を床に着けてブラブラさせない、手を膝の上に置く、礼をするときは背筋を伸ばすなど、教室でしっかりと練習をしたうえで体育館に向かわせるようにします。

私は、卒業式の司会や指導担当を務めたことが何度かありますが、**教室でしっかり指導を行っているクラスとそうでないクラスはひと目でわかるほど違います。**学級担任として、式に向かう心構えを諭し、基本的な練習（座り方や礼の仕方など）を積んでおくことは、最低限の務めだと考えます。

送辞や答辞は、全員に書かせたうえで1つに集約する

式の中で在校生代表が読む送辞、卒業生代表が読む答辞があります。読者の先生方は、これらの文章をどのような手順で作成しておられるでしょうか。

代表の子に書かせるのが一般的な方法でしょう。もしかすると、教師が作成し、それを代表の子に読ませるのが最も効率的かもしれませんが、本来の目的を考えると、あまりよい方法とは言えません。

私の場合は、6年生を担任した際は、「答辞はみんなでつくるもの」ということを子どもたちに強く意識させています。手順としては、まず全員に「6年間で自分が心に残っていることは何か、また在校生や地域の方、保護者、先生方にどんなことを伝えたいか」というテーマで作文を書かせます。それらを集め、教師が全員の声をまとめた文章を代表の子に手渡す、という流れです。もちろん代表で読む子の内容は、多く取り入れるようにしています。5年生を担任した際も同様です。「6年生に伝えたいことは何か」というテーマで全員に作文させ、まとめたものを代表の子に渡しています。何事もそうですが、**代表の子に任せきりにせず、全員に当事者意識をもたせることが大切**です。

練習は「できる学校」ほど短くて済むことを伝える

卒業式は特別な行事ですが、その練習を「楽しい」と感じる子はほとんどいないと言ってよいでしょう。式の本番はともかくとしても、練習の際に長い時間姿勢を正して座っておくのは、だれにとっても苦痛と感じるのが自然ではないでしょうか。

私は担任として6年生を指導する際も、全校で指揮を執る際も、必ず次のような話をするようにしています。

「卒業式の練習が楽しみな人？　しんどいなあと思う人？（ほとんどの子が挙手）そうだよね。長い時間座っておくのは本当に大変だよね。1ついいことを教えてあげます。卒業式の練習は『できる学校』『できる学年』ほど、少なくて済みます。全員がきちんと座り、起立や礼もビシッとそろい、歌も一生懸命歌う。そうすれば、数回の練習で本番を迎えることができます。反対に『できない学校』は何度も練習時間を設けることになります。毎日練習になるかもしれません。みんなはどちらがいいですか？」

この言葉だけで、ほぼ間違いなく全員がきちんとした態度で式の練習に臨むようになります。6年生担任や式担当になった際は、ぜひ試してみてください。

卒業式の準備・片づけで高学年の自覚をもたせる

最高学年、高学年に向けての大切なステップと心得る

卒業式の準備や片づけは、主に5年生が担うことになります。規模の小さい学校では、4年生がその準備に加わることもあるでしょう。会場の準備、卒業生の教室の飾りつけ、清掃など、その仕事内容は多岐に渡ります。

ここで心しておきたいのが、ただの準備・片づけではないということです。この準備や片づけを通して、5年生または4年生に、「次は自分たちが学校を引っ張っていく立場である」ということを強く自覚させることが大切です。

まず大切なのが、準備や片づけをスタートする前に、全員を集めて、心構えを諭すことだと考えます。

「明日はいよいよ卒業式。これから準備を行います。他の学年は早めに下校したので、自分たちも早く帰りたいなと思った人も多いでしょう。でも、次に学校を引っ張っていくのは君たちです。この一年間、明日卒業する6年生は、どんなときでも文句ひとつ言わず、がんばってくれました。その6年生が明日気持ちよく卒業できるように、みんなで力を合わせてがんばりましょう。みんなを頼りにしています。よろしくお願いします」

このような話をしてから、細かい作業の指示を行うようにしてはどうでしょうか。子どもたちの目の色がきっと変わると思います。

また、私はこうした作業の際、必ず次のことを補足として伝えるようにしています。

「自分の仕事が終わったら、他に何ができるかを自分で考えてみましょう。どんなことでもよいと思います。もしも何をすればよいかわからなければ、遠慮なくまわりの先生たちに、『何か仕事はありますか？』と質問してください」

ここまで伝えておけば、子どもたちは設定された時間いっぱい、一生懸命仕事に取り組むようになります。もちろん、作業中も「ありがとう」「助かるよ」「6年生、きっと喜ぶね」といった声かけを大切にしていきましょう。片づけも同様の手順で行い、心をしっかりと育んでいきます。

❸１人ひと言の時間を設ける

卒業式が終わった後の最後の学級の時間。ここで何を行うかは、ほとんどと言ってよいほど、担任の裁量に任せられています。定番ではありますが、おすすめは１人ひと言タイム。事前に予告しておき、一人ひとりに今の思いをしっかりと語らせましょう。

❹家族との手紙交換で感動を演出する

卒業は、先生や友だちには当然のことながら、それ以上に家族への感謝の気持ちを伝える場だと考えます。とはいえ、思春期の子に家族への感謝の気持ちを語らせるのは、やはりハードルが高いもの。ここは手紙を交換し合う場を設けましょう。子どもには、事前に道徳や図画工作の時間を通してお礼の色紙をつくらせておきます。同時に保護者にも子どもへの手紙をお願いしておきます。どちらにも内緒で、当日サプライズで行われる手紙交換。感動的な場面が見られます。

❺教師から一人ひとりに手紙を書く

一人ひとりの輝いていた姿を思い出しながら、事前にしっかりと準備をしておきます。時間的に余裕があれば、その手紙を１人ずつ読んであげるとよいでしょう。子どもたちにとって、一生忘れられない卒業の日になることでしょう。

2
卒業の日

ポイント

❶卒業式に臨む心構えをつくる

卒業式当日。在校生や保護者がまず会場となる体育館に入り、卒業生はそれまでの間教室で待つことになります。この時間をどのように使うかは、特にきまりがあるわけではありませんが、やはり大切なのは卒業式に臨む心構えをつくることでしょう。とはいえ、最後の最後になって説教っぽくなるのではなく、子どもたちの心に響くように、上手に諭したいものです。

❷卒業ムービーをみんなで視聴する

子どもたちが学校生活を懐かしめるように、そして卒業の日に特別な思いをもつことができるように、教師が作成した卒業ムービーを、みんなで視聴する時間を設けます。卒業式が始まる前に視聴させて士気を高めてもよいですし、卒業式が終わった後に視聴させても問題ありません。中には映像を見ながら涙する子も。準備は少し大変ですが、効果は絶大です。

卒業式に臨む心構えをつくる

まわりの人への感謝の思いをもたせる

ついに迎えた卒業式の日。卒業式は在校生や保護者、来賓が先に会場に入り、時間になると卒業生が入場という流れになります。そのため卒業式当日は、卒業生自身は比較的ゆとりをもって時間を過ごすことができます。卒業式が始まるまでに何をするかは、多くの場合学級担任に委ねられていますが、やはり大切なのは、卒業式に臨む心構えを改めてつくることだと考えます。

朝教室に入ったら、一人ひとりに「おめでとう」と笑顔で声をかけます。全員がそろうまでの時間は、胸に花をつけたり、卒業文集や卒業アルバムに寄せ書きを書いたりと、和やかな時間を過ごします。

全員がそろった段階で「いよいよ卒業式ですね。みんなはどんな式にしたいですか？」と改めて問いかけます。１人ずつ順番に、どんな卒業式にしたいかを語らせてもよいかもしれません。「最高学年として姿勢や返事をしっかりがんばりたい」「先生や在校生、保護者に感謝の気持ちを伝えたい」など、子どもたちからいろいろな意見が出てくると思います。そのような声に耳を傾けながら、みんなで卒業式への意識を高めていきます。

ここでおすすめなのが、**下級生の姿を写真や映像で示すこと**です。前日の卒業式準備に取り組んでいる下級生の様子や、校内の飾りなど、みんなが自分たちの旅立ちを一生懸命お祝いしてくれていることに改めて気づかせます。

おめでとうございます
みんなへのお祝いのメッセージ！
昨日放課後遅くまで5年生ががんばって作ってくれました！

以前、私の学級では、事前に下級生からのお祝いメッセージを録画しておき、このタイミングで視聴させたことがありますが、効果は絶大でした。自然と「みんながお祝いしてくれているのだから、がんばってよい式にしよう」という雰囲気が生まれました。このようなしかけを用意しておくことも大切です。間違っても、最後の最後まで威圧的に厳しく指導することがないようにしたいものです。

卒業ムービーをみんなで視聴する

写真や動画＋音楽で感動的な映像に

最近は、映像編集ソフト（アプリ）がどんどん充実してきており、専門的な技術がなくても、簡単に映像をつくることが可能です。例えば、６年間の子どもたちの成長の様子や最高学年としてがんばった日々などの写真を、音楽を交えながら編集し、当日視聴させるだけでも、一気に雰囲気は高まります。

映像を見せるタイミングは、２つ考えられます。

１つは、卒業式に向かう前の時間です。前項で、卒業式への心構えをもたせることの重要性について触れましたが、事前にこうした映像を視聴させるだけでも、子どもたちの表情は一気に変わります。

もう1つは、卒業式が終わった後の学級での最後の時間です。ここでは、保護者も教室にいることが多いので、保護者と子どもたちとで一緒に視聴することになるでしょう。1年生のころの写真が画面に映し出された際は、懐かしさに思わず笑顔があふれるとともに、6年間の子どもたちの成長を、保護者と一緒に実感できる素敵な時間になります。

駅伝大会 1本のたすきをみんなでつないだ！

ただし、学校によっては、卒業式が終わった後の学級でのお別れの時間が、非常に短く設定されているところもあります。おそらく外では在校生が花道をつくって待っているので、あまり時間的に余裕がないかもしれません。そのような場合は、卒業式前のゆとりある時間で視聴させる方が得策です。

「卒業式前の忙しい時期に映像づくりなんて大変」と思われるかもしれませんが、**編集ソフト（アプリ）を使えば、多くの時間は要しません。**感動的な卒業の日を演出するために、ぜひ取り組んでみることをおすすめします。

1人ひと言の時間を設ける

全員がひと言ずつ話すのが卒業の日の醍醐味

卒業式が終わり、教室で過ごす最後の時間。教室の後ろには保護者がずらりと並び、やや緊張気味な雰囲気が生まれます。ここで何をするかは、すべて学級担任の裁量に任されているといってよいでしょう。

私がこれまで勤務してきた学校では、比較的時間にゆとりがあったためまず前項であげた5分程度の「卒業ムービー」をここで視聴します。その後は、定番ではありますが、やはり1人ひと言スピーチをする時間を設けます。卒業式では、代表の子が送辞を述べるぐらいで、なかなか1人ずつ話す機会は与えられません。最後に自分の思いを、自分の言葉で表現させるのは、やはり大切なことだと思います。

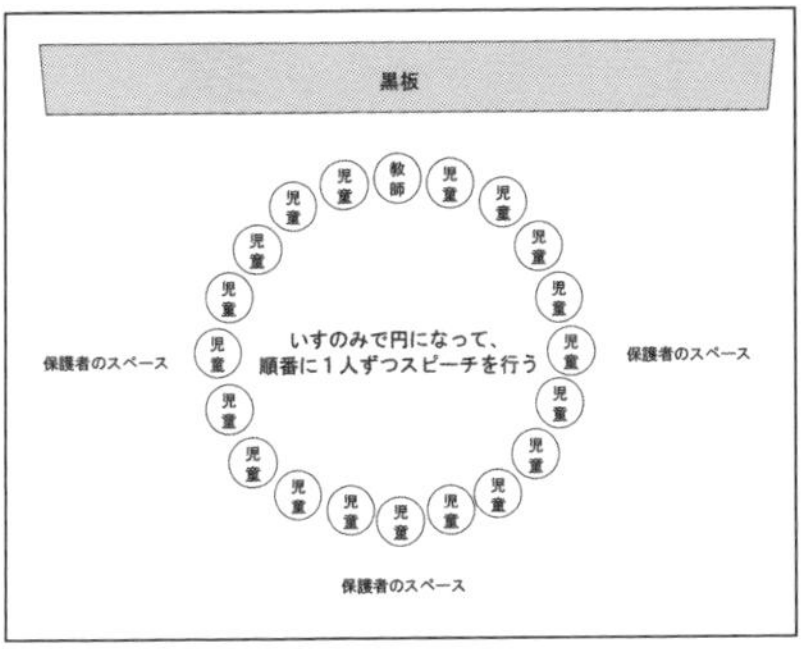

いすのみで円になる

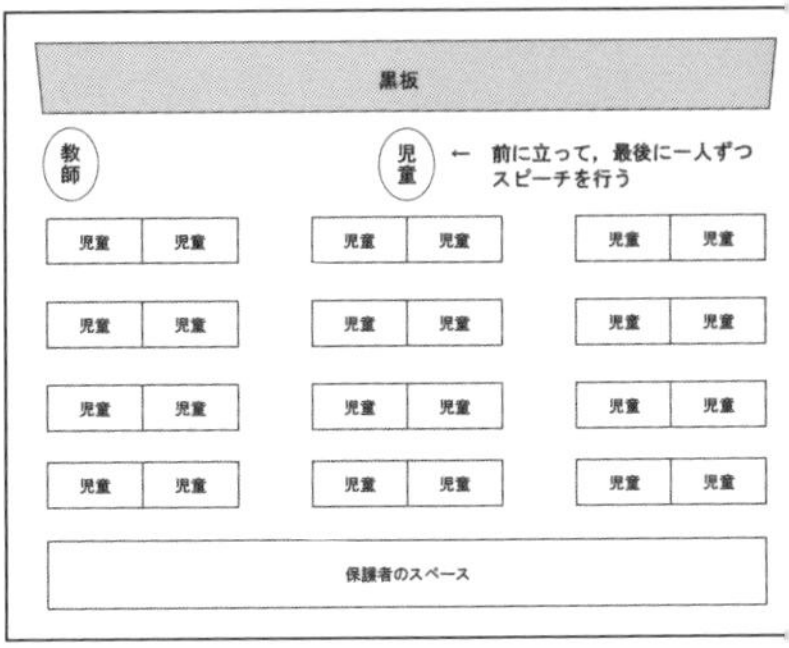

前に出て話す

1人ずつ話す場面では、教卓の前に立って話させる方法もありますし、左上の図のように、ぐるりと円をつくって座り、順番が回ってくると立って話をさせる方法もあります（私はほとんど後者を採用しています）。いろいろな子と出会ってきましたが、友だちへの感謝の気持ちを述べる子、親への感謝の気持ちを涙ながらに語る子、自分の将来の夢を語る子、最後の最後までみんなを笑わせようとする子など、本当にいろいろな子がいます。中にはうまく話せず黙ってしまう子もいますが、みんなでその子の言葉をじっと待つのも、それはそれでよいものです。もちろんどんな内容であれ、子どもたちのスピーチが終わった後は、しっかりと全員で拍手をしてあげましょう。

なお、**卒業式の前日、もしくは数日前に「最後はみんなにひと言ずつ語ってもらうから、心の準備をしておいてね」と予告しておく**ことをおすすめします。

家族との手紙交換で感動を演出する

子どもから保護者へ感謝の色紙を贈る

1人ひと言が終わると、続いて保護者との手紙交換を行います。子どもから保護者に感謝の気持ちを伝える方法はいろいろあると思いますが、ここでは私がいつも行っている「感謝の色紙」の取組を紹介します。

子どもたちには、卒業式が近づいたころ、道徳の時間を使って、家族への感謝の気持ちをもたせます。教材は各校で使用している教科書でよいと思いますが、どの教材でも授業の最後は、家族への感謝の思いを自分の言葉で書かせるようにしています。文は短くても長くてもかまいません。この文は色紙に書くメッセージの下書きとなるので、授業後は、教師が誤字脱字がないかをしっかりチェックします。

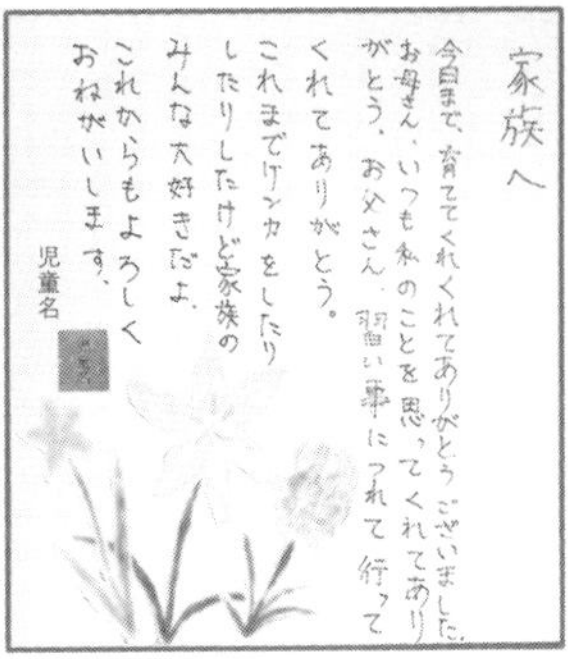
家族へ
今日まで、育ててくれてありがとうございました。
お母さん、いつも私のことを思ってくれてあり
がとう。お父さん、習い事につれて行って
くれてありがとう。
これまでケンカをしたり
したりしたけど家族の
みんな大好きだよ。
これからもよろしく
おねがいします。
児童名

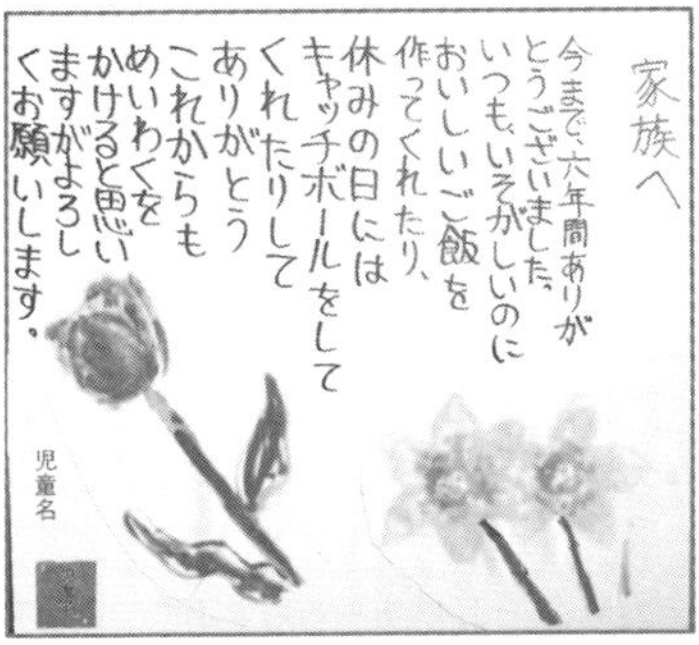
家族へ
今まで、六年間ありが
とうございました。
いつも、いそがしいのに
おいしいご飯を
作ってくれたり、
休みの日には
キャッチボールをして
くれたりして
ありがとう
これからも
めいわくを
かけると思い
ますがよろし
くお願いします。
児童名

続いて図画工作の時間を使って、色紙に春の花の絵をかかせます。直接色紙にかかせてもよいですし、白い紙にかいたものをはさみで切り取って、うまくかけたものだけを色紙に貼るという方法もあります。

絵ができ上がると、事前に道徳の時間に下書きしておいた家族へのメッセージを清書させます。最後は消しゴムを使ったはんこを押して完成です。色紙は包装紙でラッピングして卒業の日を迎えます。

なお、「色紙をつくったことは、家族には絶対に内緒だよ。サプライズで渡すからね」と事前に子どもたちと約束するのを忘れずに。保護者にとって、きっと一生の宝物になることでしょう。

保護者に子どもへの手紙をお願いする

一方で、保護者には、卒業の日を迎えるにあたり、我が子への手紙を依頼しておきます。依頼するタイミングとしては、最後の参観日後の学級懇談会がよいかもしれません。学級懇談会で、「保護者の皆様からかわいい我が子に手紙を書いてくださいませんか」と依頼します。私の経験では、ここで異を唱える保護者はまずいません。困ったような顔をしつつも、全員準備してくださいます。

口頭だけでなく、次ページのような依頼文も用意し、学級懇談会の中で配付します。懇談会に参加できない保護者には、厳密に封をして、翌日子どもに持って帰らせます。遅くとも卒業式前日までには回収し、いったん教師が預かっておくことをおすすめします。

いよいよ卒業の日。「実は6年生のみんなにも、保護者の皆様にも内緒にしていたのですが、お互いに手紙を用意しています」と言って、サプライズで手紙と色紙を交換します。そのうえで「少し時間を取るので、ぜひ開けて読んでみてください」と促します。じっと読みながら、目をうるうるさせる子、涙を流す保護者の姿が見られるでしょう。こうしたサプライズを用意しておくことも、感動的な演出をする工夫の1つだと考えます。

令和○年3月○日

6年生　保護者様

○○市立○○小学校　6年担任　有松浩司

「卒業の日のわが子への手紙」依頼について

3月に入り，春の訪れを感じる季節となりました。皆様方にはますますご健勝のこととおよろこび申し上げます。

残すところ学校生活も数日となり，まだまだ先だと思っていた卒業が，いよいよ間近に迫ってきました。6年間を締めくくる卒業の日は，子どもたちにとって，一生忘れられないものにしてあげたいと思っています。

つきましては，保護者の皆様にお願いがあります。卒業を迎えたわが子宛てに手紙を書いていただけないでしょうか。式の終了後に，一人一人保護者から受け取った手紙は，子どもたちの心にほのぼのと親のぬくもりを感じさせてくれることでしょう。家族の愛情をより深く感じることで，今後の学校生活へのさらなる意欲を持つことができるのではないかと思っています。

詳しくは以下のとおりとさせていただきます。

★ この手紙のことは，子どもたちには内緒しておいてください。思いがけない贈り物として渡してあげたいと思っています。
★ 用紙・封筒は自由です。家族全員が書いてもいいですし，代表で一人でも結構です。
★ 内容は，卒業を祝う言葉，親の願い，昔の思い出，子どものいいところ，何でも問題ありません。文の量もおまかせします。（長い文章でも問題ありませんし，「わが子に贈る一言」のような短いものでも問題ありません。過去には色紙に一言書いて贈られた保護者もいらっしゃいました。）
★ 手紙は子どもが留守や寝ているときなど，見つからないように書いてください。
★ 手紙が書けたら，子どもに読まれないように，封をきちんとした上，本日配布している茶封筒に入れて，担任に提出してください。封筒に入らない場合は，分からないように袋に入れて提出をお願いします。当日まで責任を持って保管します。
★ このプリントは，読み終わったら，子どもの目に触れないようにしてください。秘密が守れるように，ご配慮をお願いします。
★ 誠に勝手ながら，締め切りは，3月○日（　）とさせていただきます。よろしくお願いいたします。

忙しいこととは十分承知しておりますが，親子の絆を一層深める意味でも，ご協力の方，よろしくお願いいたします。なお，不明な点がございましたら，子どもを通さずに，直接担任の方までご連絡ください。よろしくお願いいたします。

保護者への依頼文の例。最後の参観日後の学級懇談会で直接依頼したうえで、この依頼文を配付するとよい。

教師から一人ひとりに手紙を書く

一人ひとりにしっかりと思いを伝える

保護者との手紙（色紙）の交換を行い、ひと息ついたところで、「最後は先生から。一人ひとりに手紙を書いたので、受け取ってくださいね」と展開します。

手紙は、次ページの写真のように、それほど長いものではありません。短くても、しっかりと思いが伝わればそれでよいと思います。3月に入ったころから、すきま時間を見つけて、少しずつ書き進めていきます。卒業生全員に書くのは本当に大変ですが、これまでの経験上、この取組は本当に「やってよかった」と感じます。**これまで一人ひとりに言えなかった感謝の思い、励ましのメッセージを一気に伝える大きなチャンス**です。ぜひとも取り組んでみられることをおすすめします。

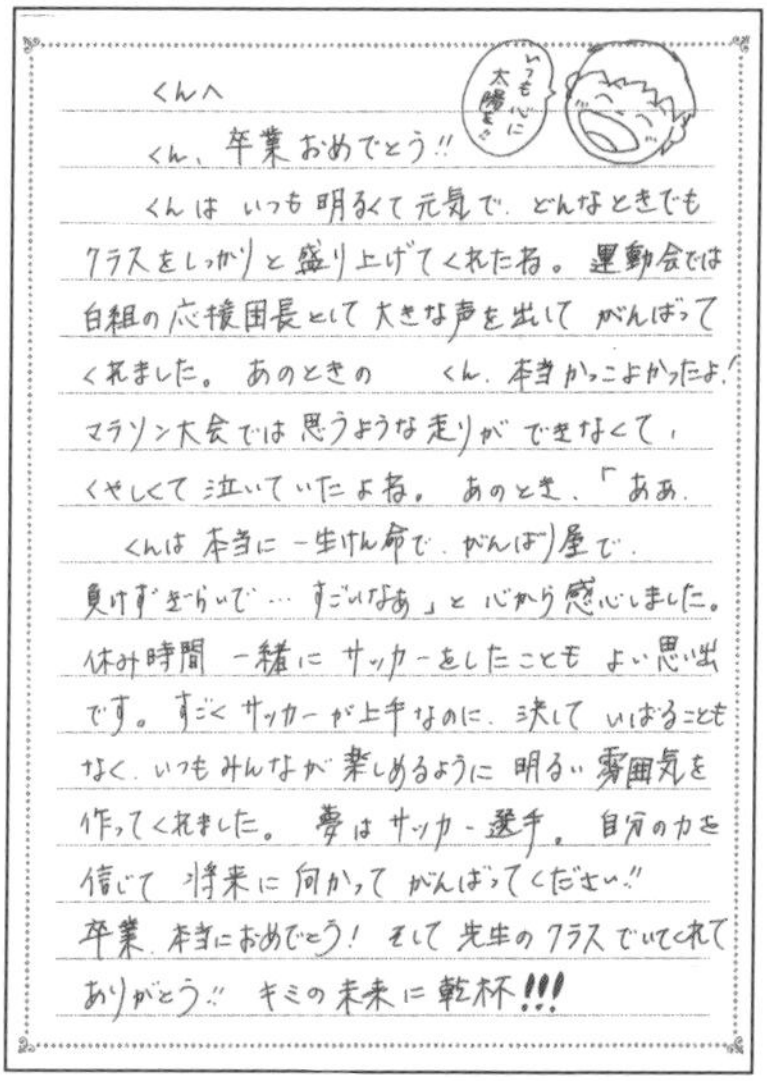
くんへ
くん、卒業おめでとう!!
いつも心に太陽を!!
　くんは いつも明るくて元気で、どんなときでも
クラスをしっかりと盛り上げてくれたね。運動会では
白組の応援団長として大きな声を出して がんばって
くれました。あのときの　くん、本当かっこよかったよ!
マラソン大会では思うような走りができなくて、
くやしくて泣いていたよね。あのとき、「ああ、
　くんは本当に一生けん命で、がんばり屋で、
負けずぎらいで…すごいなあ」と心から感心しました。
休み時間一緒にサッカーをしたこともよい思い出
です。すごくサッカーが上手なのに、決していばることも
なく、いつもみんなが楽しめるように明るい雰囲気を
作ってくれました。夢はサッカー選手。自分の力を
信じて将来に向かってがんばってください!!
卒業、本当におめでとう! そして先生のクラスでいてくれて
ありがとう!! キミの未来に乾杯!!!

時間に余裕があれば、1人ずつその手紙を全員の前で読んであげるとよいでしょう（私の場合、この手紙を読むときいつも涙ぐんでしまいますが…）。そこまでの時間はとれないという場合は、一人ひとり手渡しするだけでもよいと思います。最後は、担任である自分から子どもたちへ、そして保護者の方へ感謝の気持ちを述べて終了です。歌を歌って終わるというのもよいかもしれません。

私の場合は、いつも卒業式後のこの時間を、①卒業ムービーの視聴→②手紙（色紙）の交換→③教師からの手紙（読むもしくは渡す）→④教師からの感謝の言葉→⑤歌を歌ってお別れという流れにしています。また、②③④あたりは、BGM（おすすめはオルゴール）をかけ流しておくと、より感動的な雰囲気になります。担任として、卒業の日に学級で何をすればよいか困ってしまった場合に、これらの取組をぜひ参考にしてください。

❸全員の力を結集して教室を片づける

どの学校・学級でも、年度末の大掃除を行っていると思いますが、私の場合、一大イベント並みにこの活動を行っています。ただ掃除をするだけではなく、教室にあるものすべてをコンテナに入れるなどして、一時的に空き教室や特別教室に移動させます。そうすることで、春休みの片づけに関する仕事を、ほぼ100%ここで終わらせることができます。

❹最後の１人ひと言の時間を設ける

運動会や学芸会、野外活動や修学旅行のページでも紹介しましたが、１人ひと言の時間を設けると、一気に仲間意識が高まります。これまでの一年間を振り返り、がんばったことや心に残ったこと、一年間共に過ごした友だちへのお礼の言葉などを語らせます。全員で１つの円になり、順番に語っていく方法がおすすめです。

❺教師から１人ずつにメッセージを送る

子どもたちのあいさつ（１人ひと言）が終わったら、今度は教師から１人ずつにメッセージを送ります。それぞれの子のがんばっていたこと、成長したこと、これからさらに伸びてほしいことなどを語ってあげましょう。子どもたちが次の学年に向けて意欲をもてるように、明るい雰囲気で話すのがポイントです。

3

学級じまい

ポイント

❶これまでの経験を生かして最後のイベントを企画させる

3月。いよいよ一年間担任してきた学級を閉じる日が近づいてきます。最後の日に何をするかは、いろいろなことが考えられますが、おすすめは12月同様に大きなイベントを仕組むことです。ここでもやはり大切なのは、子ども主体でイベントを企画させることです。これまでの経験を生かしながら、楽しい会を企画させましょう。

❷黒板アート・寄せ書き・記念撮影を行う

❶であげたイベント活動を兼ねて、子どもたちに黒板アートをつくらせます。黒板すべてを開放して、子どもたちに自由にイラストをかかせましょう。その際、１人ずつみんなへのメッセージ（寄せ書き）を書かせるのもおすすめです。最後は黒板の前で記念撮影。思い出を１枚の写真に刻んでみてはいかがでしょうか。

これまでの経験を生かして最後のイベントを企画させる

最後の日は、子ども主体の楽しいイベントで盛り上がる

3月末。いよいよ一年間を担任した学級を閉じる日がやってきます。卒業する6年生に関しては前節で説明したので、ここでは主に1～5年生における学級じまいについて解説したいと思います。

学級を閉じる際のおすすめは、やはり大きなイベントを行うことです。そして3章でも説明したように、教師が何もかも準備するのではなく、子ども主体で行わせるのがポイントです。3月の上旬に、最後の日に何か大きなイベントを行うことを子どもたちに提案します。すでにこうした活動がこれまでに行われてきた学級であれば、自然と子どもたちから「先生、最後に大きなイベントをやりましょう」と声が上がるものです。

最後の日の予定は学校にもよりますが、おそらく大掃除が1時間、春休みの生活に関する説明で1時間、修了式で1時間、離任式・退任式で1時間とあり、おそらく学級で自由に使える時間は1～2時間というところでしょうか。もちろんその前日、前々日になってもかまいません。限られた時間でできる楽しいイベントを子どもたち自身に企画させましょう。

まずはどのようなイベントを行うかアイデアを出させます。お楽しみ会、スポーツ大会、ミニ音楽会、料理コンテスト…など、内容は何でもよいと思います。ただし、これまでも繰り返し述べてきたように、あくまでも子ども主体で行わせることを重視しましょう。

内容が決まったら、次いで司会進行部、ゲーム部、飾り部などの実行チームを組織し、準備に取り組ませます。このあたりの子どもの動かし方については、3章で詳しく解説しているので参照していただければと思います。

1～4年生であれば、比較的早い段階から準備に取り組ませることができるので、大きなイベントを仕組むことも可能でしょう。5年生の場合、6年生を送る会が直前に行われるので、もし学年末に学級イベントを行うとすれば、準備は短期間で行うことになります。

あまり無理をせず、簡単なスポーツ大会のようなものでもよいかもしれません。

黒板アート・寄せ書き・記念撮影を行う

黒板を使ってみんなの思いを結集させる

前項で学級じまいの日に大きなイベントを企画させることを紹介しましたが、このほか、私自身がいつも子どもたちに取り組ませていることがあります。それが、黒板アートです。

まず子どもたちに黒板を開放し、自由に絵をかいてよいことを伝えます。絵のテーマは何でもよいと思いますが、私の場合、最初にその学年にまつわる一年間の思い出を口頭で発表させ、「では1班は運動会の絵をお願いします」「2班は野外活動の絵をお願いします」というように、ある程度分担してからかかせるようにしています。中央の大きな文字は、教師が書いてもよいですが、クラスで一番こういったことが得意な子にいつもお任せするようにしています。

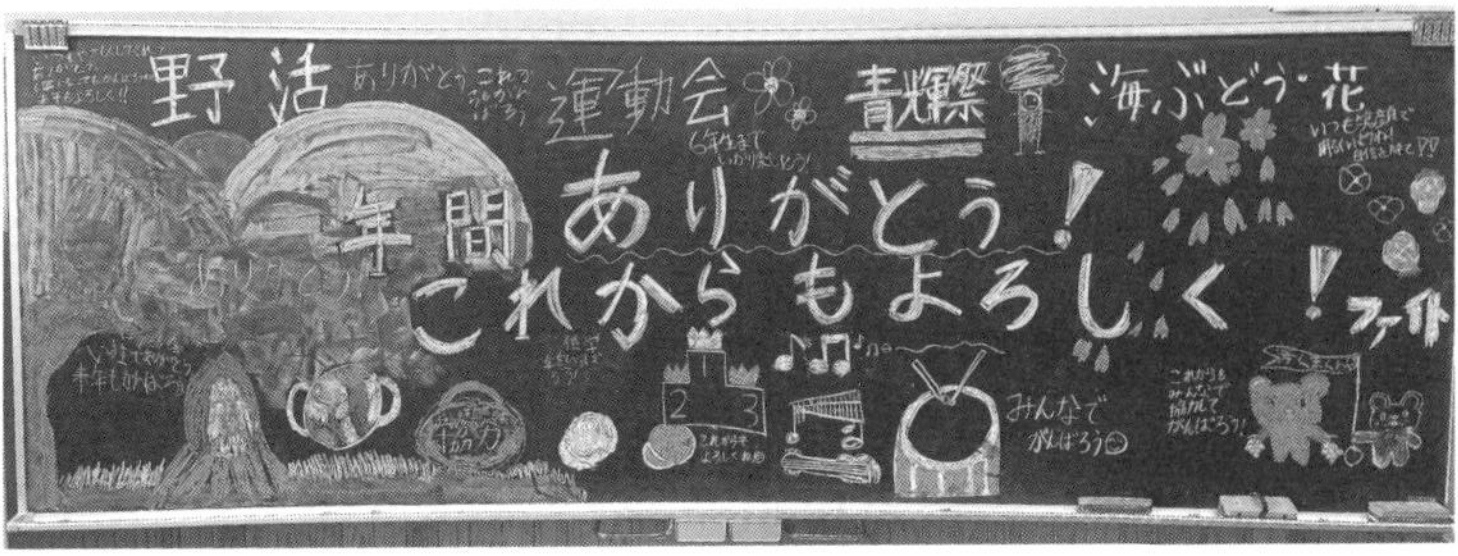

ある程度絵が完成したら、今度は「空いたスペースにみんなへのメッセージを書いてください。多少のユーモアはOKだけど、ふざけすぎるのはダメ。一年間一緒に過ごした仲間に、真剣にメッセージを書いてね」と指示します。子どもたちは思い思いにみんなへのメッセージを書き込んでいくでしょう。

黒板アートと黒板への寄せ書きが完成したら、最後にその前に並んで記念撮影。下校前に撮影というのもよいかもしれません。

なお、学校・学級によっては、前項で述べたようなイベントを学年末に仕組むのが時間的に難しい場合もあると思います。最近担任した5年生のクラスでも、6年生を送る会の準備に多くの時間を費やし、学年末の学級イベントを実施できませんでした。その場合、せめてこの黒板アートだけでも実施してみてはいかがでしょうか。みんなで力を合わせてつくる。**これだけでも、子どもたちにとって最高の思い出になる**と思います。

全員の力を結集して教室を片づける

立つ鳥跡を濁さず

どの学校・学級でも年度末には大掃除が行われていると思います。私の学級では、この大掃除や教室の片づけが、もはや一大イベントになっています。

まずはだれがどこを片づけるか大まかに分担し、徹底的に清掃を行わせます。その後、通常の掃除だけでなく、教室の様々な物品、次の学年に送るもの（2年間使う教科書や余った画用紙など）、さらには教師の私物（文房具や学級文庫など）に至るまで、すべてをいったん空き教室もしくは特別教室に移動させるように指示します。そんなことまで子どもに…と呆れるかもしれませんが、扇風機やエアコンのフィルターの清掃なども、子どもたちにお任せしています。実際の段取りを次ページに示すので、参照してください。

①役割分担。（大まかでよい）
②ランドセルなどの自分の荷物をいったん廊下や空き教室などに移動させる。
③教室のもの（文房具、教師私物の学級文庫など）をすべて移動させる。（コンテナを複数用意しておき、分類して入れさせるとよい）
④自分が使用した机やロッカー、下駄箱などを徹底的に拭く。（教師の合格がないと次のステップに進めないというルールを設けておくとよい）
⑤自分の分担場所を掃除する。（教室、廊下、黒板、窓、扇風機、エアコンなど）
⑥最後に全員で床拭きをしてピカピカになったら終了。

一年間鍛えた学級ならば、見る見る作業は進んでいきます。教師と子どもとの信頼関係ができていれば、「ありがとう」という言葉1つで、教師の私物さえもどんどん子どもたちが整理してくれます。このように、この活動には、子どもたちには自分たちが使ったものや場所をきれいにする習慣が身につき、教師には春休みを有効に活用できるというメリットがあります。立つ鳥跡を濁さず。全員の力を結集しましょう。

最後の1人ひと言の時間を設ける

1人ずつ一年間を振り返って今の思いを語らせる

これまで、運動会や学芸会、野外活動や修学旅行など、様々な行事の後で、1人ずつ思いを語らせる「1人ひと言タイム」の必要性を述べてきました。しっとりとした雰囲気の中で、1人ずつが思いを語る。時間はかかりますが、私はこうした時間を設けることが、とにかく一年間の学級経営では必要不可欠だと考えています。

学級じまいとなるこの日。やはり最後も1人ずつが一年間を振り返って今の思いを語る時間を設けましょう。1人ひと言のタイミングは、学級イベントの最後でもかまいませんし、下校前の最後の学活でもよいと思います。できれば机を下げて円になり、お互いの表情と向き合わせながら行うのが効果的です。

「ぼくが一年間で一番心に残ったのは、運動会です。応援団としてみんなの前で声を出すのは最初ははずかしかったけど、がんばってよかったと思いました。来年もぜひ応援団に立候補したいと思います」

「私はこのクラスで本当によかったと思いました。○年生になったら、クラス替えでみんなバラバラになるけど、このクラスで過ごしたことは忘れません」

こうした1人ひと言の時間を事あるごとに設けていれば、一年間で、ずいぶんスピーチが上手になるものです。**中にはうまく話せない子がいて、沈黙が続いてしまう場合もありますが、学級経営がうまくいっていれば、それをみんなでじっと待つ雰囲気が自然と生まれる**ことでしょう。

私は、教科担任の先生に対しても、その先生の最後の授業の後、こうした形でお礼のコメントを1人ずつ述べるように、毎年子どもたちに伝えています。

「○○先生、一年間理科の授業をありがとうございました。先生のおかげで、理科が好きになりました。○年生になっても理科の勉強をがんばりたいです」

時間的に難しければ、代表の子によるあいさつでもよいと思います。

終わりよければすべてよし。すべてにおいて、最後の時間を大切にさせたいものです。

教師から1人ずつにメッセージを送る

それぞれの成長を具体的に取り上げ、一人ずつ温かいメッセージを送る

学級イベントの最後、もしくは最後の学活。子どもたち一人ひとりが一年間を振り返り、スピーチを行った後は、担任からの言葉で一年間を締めくくりましょう。

私がここでよく行う方法は、子どもたちの名前を1人ずつ呼んで、メッセージを送るという方法です。

「Aくんは、いつも明るくて元気で、休み時間はいつも外遊びを楽しんでいましたね。毎日のように一緒にサッカーをしたこともよい思い出です。先生はいつも、Aくんから元気をもらっていましたよ。○年生になっても、ずっと変わらず、今の元気なAくんでいてくださいね。一年間、ありがとう」

「Bさんは、いつも優しくて、みんなのことを気にかけてくれていたね。あんまり人前で大きな声を出すのが得意ではなかったけど、学芸会の劇で、一生懸命自分の台詞を言っている姿を見たときは、本当にうれしかったです。○年生になっても、いつも優しくて、がんばり屋さんのBさんでいてください。一年間、ありがとう」

このようなメッセージです。それぞれの子が一年間で最も輝いていたときを想起し、具体的にその子のよさを伝えてあげましょう。前節「卒業の日」で紹介したような、一人ひとりに向けて手紙を書くという方法もありますが、忙しい学年末ですから、無理は禁物です。生の言葉でも十分子どもたちには伝わると思います。

なお、学級担任として熱い思いを伝えることは大切ですが、あまり感傷的になり過ぎるのもよくありません。卒業する6年生の場合と、自身の離任が決まっている場合はともかく、**来年度も学校生活を共にすることになっている場合、子どもたちの前であまりに感傷的になり過ぎて、子どもたちに「今のクラスのままがいい」「ずっと今の先生がいい」「このまま進級したくない」と思わせては、かえって逆効果になることも考えられます。**ときどき冗談も交えながら、子どもたちが明るく、前を向いていけるように努めたいものです。

最後は教師からお礼を述べて、一年間を締めくくる

一人ひとりへのコメントが終わったら、最後は全体に向けて話をします。正真正銘最後の「先生の話」になるので、ここは大事にしたいところです。

何を話してもよいと思いますが、やはりおすすめは、子どもたちへのお礼です。

「この一年間、みんなのおかげで本当に楽しく過ごすことができました。毎日が本当に楽しくて、朝仕事に来るとき、みんなと会うのが楽しみで仕方がない一年間でした。いっぱい叱ったし、いっぱい迷惑もかけたけど、みんなには本当に感謝しています。素敵な一年をありがとう。次の学年になっても、担任ではなくなっても、みんなのことはずっと応援していますよ。この一年間、本当にありがとう！」

最後は児童玄関まで行き、子どもたちを見送って終了です。

このとき、担任としての一年間が終わることに自身が寂しさを感じれば、きっとその一年間の学級経営は大成功だったということでしょう。**子どもたちだけでなく、自分自身をほめることも忘れずに。**

また4月には、新たな子どもたちとの出会いが待っています。

おわりに

これまで、2学期以降の学級ギアアップの方法について説明してきましたが、いかがだったでしょうか。先生方の日々の悩みを少しでも解決に向かわせるヒントがあったでしょうか。様々な方法を本書で紹介しましたが、先生方が担任されている学級の実態に応じて、「この方法は使える！」と思われたものを、うまく取り入れていただければ幸いです。また、4月当初の学級システムのつくり方については、本書の前身となる『学級システム大全』を、本書とあわせてご活用いただければと思います。

終わりになりましたが、一公立教員である私に、このような執筆の機会を何度も与えてくださった明治図書出版社の皆様に、心より感謝申し上げます。本当にありがとうございました。

２０２３年７月

有松浩司

【著者紹介】

有松　浩司（ありまつ　こうじ）

1979年，広島県生まれ。2001年より教職に就く。広島県内の公立小学校教諭を経ながら，2008年に授業研究サークル「STORY」を発足。広島県内の熱意ある若手教員と共に，切磋琢磨しながら日々授業研究に励んでいる。現在は広島県竹原市立忠海学園（義務教育学校）教諭。主な研究教科は国語科と道徳科で，研究内容は国語教育，道徳教育，メディアリテラシー教育，ICT を活用した教育活動全般と，多岐に渡る。第31回道徳と特別活動の教育研究賞で文部科学大臣賞・最優秀賞，第68回読売教育賞で最優秀賞を受賞。

著書に，『自治的なクラス、進んで動く子どもが育つ　学級システム大全』（単著，明治図書，2023），『国語板書スタンダード＆アドバンス』（単著，明治図書，2022），『道徳板書スタンダード＆アドバンス』（単著，明治図書，2020），『小学校道徳指導スキル大全』（共著，明治図書，2019）など。

学級ギアアップ

２学期からのクラスづくり

2023年８月初版第１刷刊　©著　者　有　松　浩　司

発行者　藤　原　光　政

発行所　明治図書出版株式会社

http://www.meijitosho.co.jp

（企画）矢口郁雄（校正）大内奈々子

〒114-0023　東京都北区滝野川7-46-1

振替00160-5-151318　電話03(5907)6701

ご注文窓口　電話03(5907)6668

＊検印省略　組版所　株　式　会　社　カ　シ　ヨ

Printed in Japan　ISBN978-4-18-319720-7